마흔, 당신의
노후를 미리 준비하라

마흔, 당신의 노후를 미리 준비하라

1판 1쇄 인쇄 2023년 3월 25일
1판 1쇄 발행 2023년 3월 30일

지은이 | 안신영(미소영)
펴낸이 | 최근봉
펴낸곳 | 도서출판 넥스웍
등록번호 | 제2014-000069호
주소 | 경기도 고양시 일산동구 장백로 20, 102동 905호
전화 | 031)972-9207
팩스 | 031)972-9208
이메일 | cntpchoi@naver.com

ISBN 979-11-88389-42-1 (13190)

마흔, 당신의 노후를 미리 준비하라

안신영(미소영) 지음

N 넥스웍

사람들은 종종 미래에 펼쳐질 자신의 모습을 그려 봅니다.

잠깐 미래를 상상하며 꿈꿨던 행복은 곧 현실로 돌아와 열심히 살겠노라고 다짐을 하죠.

그런데 열심히 산다고 해서 내가 꿈꾸는 노후를 맞이하는 것은 아닙니다. 만약 건강한 노후를 맞이하고 싶다면 오늘부터 운동을 꾸준히 해야 하고, 부자가 되고 싶다면 오늘부터 부자가 되기 위한 자본소득 시스템을 구축해야 하죠.

무슨 일이든지 성공하기 위해서는 목표와 계획을 세우고, 그 계획대로 실천하는 과정이 필요합니다. 그렇게 해야 내가 원하는 방향대로 인생을 살 수 있습니다.

노후도 마찬가지입니다. 스스로 노후의 삶을 그려보고 그런 삶을 영위하는 데 필요한 것이 무엇인지를 확인해서 목표를 정합니다. 그리고 그 목표를 달성할 수 있도록 구체적인 계획을 세워야 하며, 매일 계획을 체크하면서 내가 원하는 삶의 방향대로 살고 있는지 피드백해야 합니다. 문제는 어떻게 노후를 준비하고 무엇을 해야 하며, 어떤 것을 알아야 할지 많은 사람들이 모른다는 것이죠.

이번에 출간한 '마흔, 당신의 노후를 미리 준비하라'는 책에서는 직장 생활부터 전업주부, 자영업자, 부동산경매 투자자, 부동산 강사 등 10년마다 새로운 직업에 도전하면서 노후를 준비하고 있는 저자가 자신이 경험한 것을 인생의 후배들에게 아낌없이 알려 주는 '실전 노후 준비' 가이드입니다.

왜 마흔이 은퇴를 준비하기 좋은 시기인지, 은퇴를 위해 무엇을 어떻게 준비해야 하는지, 근로가 아닌 투자를 통해 자산을 증식시킬 수 있는 방법과, 최적의 노후 준비 시스템에 대해서 알려 드릴 것입니다.

이제 더 이상 직장이 나의 삶을 책임지지 않는다는 것을 알고 있는 당신. 돈 걱정 없는 노후를 준비하기 위해 '나는 무엇을 해야 할까?' 고민하는 당신. 먹고 살 방법을 새롭게 찾고 있는 당신.
지금은 돈이 없어도 노후는 돈 걱정 없이 살고 싶은 당신에게 진심을 담아 이 책을 추천합니다.

2023년 봄
북극성주 오은석

돈 걱정 없이
살고 싶은 노후

50대 중반인 내가, 독서 모임에 뒤늦게 참여해서 새벽마다 책을 읽고 인증한 지 1년의 세월이 흐르고 있다. 매주 1권의 책을 읽고 한 주 동안 읽은 책을 주말에 한 시간 정도 줌으로 만나서 책의 내용 중 깨달은 점과 자신에게 적용할 점에 관해 이야기를 나눈다. 1년 동안 책을 읽고 인증하는 것을 하루도 쉬어 본 적이 없다. 이는 책 읽는 습관을 만들기 위한 약속이다.

그렇게 매일같이 소통하는 사람은 나를 포함해서 여덟 명이다. 나이는 나를 제외하고 모두 40대 전후이다. 40대 동생들 속에서 50대 중반인 내가 함께하며 소통할 수 있다는 것은 행운이다. 나보다 나이가 많은 선배들과의 만남에서 얻는 것과 나이가 적은 후배들과의 만남에서 얻는 점은 사뭇 다르게 다가온다. 한마디로 시대 흐름에 뒤떨어질 것을 예방할 수 있다.

최근 함께 책 읽고 공부하는 40대의 동생들에게 큰 변화의 시기임을 직감할 수 있다.

회사에 다니며 진급을 고민하는 동생, 퇴사를 고민하고 이직을 준비하거나 새롭게 사업을 준비하고 있는 동생, 이미 1인 기업인으로 활동하며 사업을 확장해가는 동생, 부동산 투자를 하고는 있지만 부동산 투자만으로 채워지지 않은 미래에 대한 불안감으로 고군분투하는 모습을 보며, 나의 40대는 어떠했는지 되돌아보게 된다.

내 마흔은 진퇴양난, 고군분투의 시기였다

결혼 후 내 집 마련을 했고, 자녀들도 건강하게 크고 있었고, 남편도 회사에서 승진도 하며 급여도 오르고 있었기에 넉넉하진 않지만 돈 걱정은 뒤로 할 수 있었다. 하지만 예고 없이 갑자기 찾아온 남편의 퇴사! 준비하지 못한 상태로 시작한 사업과 폐업, 그리고 전업주부에서 돈을 벌기 위해 선택한 치킨집 창업! 이 모든 일이 남편의 예고 없는 퇴사 이후 바뀐 삶이다.

그때는 자신이 하루에 가장 많은 시간을 들여서 하는 일이 정체성이 된다는 것도 몰랐다. 준비되지 못한 상황에서 돈을 벌어야 하는 절실함으로 시작한 치킨집 창업은 당시 사업이라고 생각하고 시작했는데 알고 보니 시간을 담보로 하는 노동자의 삶이었다는 것을, 몇 년의 시간이 지나고 알게 되었다.

노동자의 삶을 벗어나기 위해서는 자본가의 삶을 살아야 한다는 것을 뒤늦게 깨닫고 뛰어든 부동산 경매의 세계, 경매는 한번 알아두면 언제든지 써먹을 수 있는 기술 같은 개념이다. 부동산 매매시장과는 다른 생태계를 갖고 있기에 진입할 수 있는 장벽이 높은 편이므로, 입찰하기 위한 권리분석을 공부해두면 좋다. 그리고 경매로 매수를, 매매로 매도를 하는 과정을 반복하면서 자산 증식도 할 수 있다.

40대를 치열하게 살 수밖에 없는 이유 중 가장 큰 요인은 자녀를 양육해야 한다는 의무감이었다. 정신없이 살아온 40대를 보내면서 자녀가 성인이 되고 나니, 50대는 다시 20대의 환경으로 되돌아간 느낌이었다.

만약 지금 20대로 돌아간다면, 아니, 40대로 10년만 앞으로 돌아갈 수 있다면, 꼭 하고 싶은 것은 '책 읽기'와 '돈 공부'이다.

만약 그때 지금처럼 '책 읽기'에 관심이 많았다면 어땠을까?, 책을 꾸준히 읽고, 글을 꾸준히 써왔다면 어땠을까?, 경제와 돈 공부를 했었다면 어땠을까?

아마도 세계관이 조금은 더 확장되었고, 경제적으로 자산 증식은 더 되었을 것이다.

조금 늦은 감이 있는 50대 중반이지만 과거에 대한 후회보다는 지금 내가 할 수 있다는 것에 감사하고, 무엇을 할 것인지 결정하고 행동으로 옮겨야 한다.

60세 환갑잔치가 의미 없어진, 100세 시대

우리에겐 노후에 한 번 더 인생을 의미 있게 살 기회가 생겼다. 기회는 주어졌지만, 어떻게 살아야 하는지 방법을 알려주지는 않는다. 나는 50대 중반이 되어서야 의문이 생겼다. 나는 지금 잘살고 있는 것인가? 더 늦기 전에 나를 점검해보고 싶어서, 나에게 보상 휴가 1년을 주었다.

노후에는 행복한 시간 부자로 살고 싶다는 바람대로 노후의 삶을 앞당겨 살아본 1년!

365일 중 24일만 일하는 일정을 결정하기까지는 많은 고민이 있었지만 과감하게 행동으로 옮겼다. '시간 부자'가 된 1년 동안 가장 많이 한 것은 '정체성 찾기'였다. 내가 좋아하는 것, 내가 되고 싶은 것이 무엇인지 알기 위해, 독서, 여행과 산책 그리고 글쓰기를 중점으로 실천하며, 책 속에서 저자들의 지혜를 배우고 책 읽기의 즐거움에 빠져들면서 내가 정말 하고 싶은 것을 찾을 수 있었다.

그리고 일을 하지 않으면 정말 행복할 줄 알았는데, 가장 중요한 것은 '돈 걱정이 없어야' 노후가 더욱 여유로워질 수 있다는 점을 더욱 인식하게 되었다. 나 자신이 좋아하는 것을 알게 되고 지금의 내 모습으로도 아주 괜찮다는 것을 알고 나니, 오히려 지금은 쉴 때가 아니라 남은 생을 위해서 앞으로 10년은 더욱 성장해야겠다는 강한 욕구가 일어났다.

아울러 '노후를 즐길 수 있는 환경'에는 세 가지가 꼭 필요하다는 것을 인식하게 되었다.

첫째, 경제적으로 여유를 갖게 할 '돈',

둘째, 즐기면서 계속할 수 있는 '일',

셋째, 활기차게 활동할 수 있는 '건강'

이 세 가지를 위한 습관을 '부자 습관', '노후 습관'이라고 말하고 싶다. 나이에 따라 우선순위가 바뀔 뿐 변하지 않는 필수요소라고 생각한다.

노후에 내가 하고 싶은 일이 무엇인가에 대해 생각해 본다.

내 가족과 지인들, 그리고 가까이하는 사람들이 다 행복했으면 좋겠다. 특히 돈 걱정 없이 품앗이 하며, 하루하루가 행복한 삶이었으면 좋겠다. 나와 남편, 내 두 아이, 부모님과 동생들, 내 이웃들!

　주위를 둘러보면 다들 평범하게 소소하게 살고 있다. 하지만 조금만 깊게 들어가 보면 돈 걱정이 제일 많고, 즐겁게 사는 방법을 잘 모른다. 자신을 위해 돈을 써보지 않았으니 당연하다.

　과거는 과거일 뿐, 지금부터 하는 모든 나의 행위는 노후와 연결이 된다. 노후를 즐길 수 있는 환경을 만들어야 하고 그 기준은 경제적으로 여유 있는 돈, 노동하지 않고 즐기면서 계속할 수 있는 일, 그리고 가장 중요한 건 돈을 벌고 일을 계속할 수 있는 건강이다. 노후는 절대 노동자의 삶을 살지 말자는 것이 내가 그동안 살면서 배운 원칙이다.

　나는 어떤 사람이 되고 싶은 것일까?
　내가 믿고 있는 정체성은 무엇인가?

- 돈으로부터 노후 걱정 없는 시스템을 갖춘 사람이 되고 싶다.
  (자본가 + 시스템)
- 몸과 마음이 건강하게 부부가 함께 여행하는 사람이 되고 싶다.
  (운동 + 여행)
- 자녀에게 돈 굴리는 방법을 알려주는 부모가 되고 싶다. (투자 + 사업)
- 편안하게 동기부여 하는 글 쓰는 사람이 되고 싶다. (책 + 브런치)
- 내 목소리로 책을 읽어주는 북튜버가 되고 싶다. (낭독 + 봉사)
- 투자와 동시에 자원봉사하는 사업가가 되고 싶다. (장소 제공)

　솔직히 돈으로부터 노후 걱정 없는 시스템을 갖추게 되면 그 뒤의 정체성은 어느 정도 해결될 것으로 보인다. 그래서 나는 자본가 시스템, 바로 돈으로부터 노후 걱정 없는 시스템을 갖춘 사람이 되려고 한다.

바로 부동산 임대와 사업 그리고 콘텐츠 창작자이다.

제3의 인생, 지금부터 시작이다

　50대 중반의 나이에 자기 계발을 하며 책 속에서 얻은 '부자 습관'을 하나씩 나에게 적용해보니 무너졌던 자존감을 되찾는 동시에 '나는 할 수 있다.'라는 자신감까지 챙기게 되었다. 이제야 이런 감정을 접하고 보니 조금 늦었구나 싶었다. 나이는 숫자에 불과하다고는 하지만 조금 일찍 시작했으면 좋았겠다는 마음이다.

　'부자 습관'은 젊을수록 더 좋고 늦어도 40대에는 시작하는 것이 경제적으로도 여유 있는 삶을 수월하게 이어갈 수 있다는 생각이 든다. 부자가 될 수 있는 환경을 만드는 것은 그리 어려운 것도 아니었는데 '누군가가 나에게 조금 일찍 알려주었더라면' 하는 아쉬움이 남는다. 그래서 아직은 경제적인 절실함을 모르는 내 자녀와 나보다 젊은 40대 동생들에게, 50대가 되고 나서야 알게 된 '부자 습관'과 '자산 증식' 방법을 알려주고 싶었다. 치열하게 사는 동생들이 '나를 만난 후 자신을 챙기는 방법'과 '즐겁게 일하는 이유'를 알게 된다면 좋겠다.

　현재 내 모습은 과거 행동에 대한 결과다. 어떤 결과도 스스로 일어나는 것은 없다. 반드시 원인이 있고, 그 원인에 따른 행동의 결과라는 점이다. 잘못된 결과는 남 탓으로 돌리고 싶지만 자신은 안다. 모두 다 내 탓이라는 것을 인정해야 한다. 스스로를 인정하는 것이 필요하다. 내가 뿌린 씨앗이 '가난'인데 '부자'가 되기를 바라기만 하는 것은 아닌지. 내가 '저축'을 하지 않으면서 '로또'에 당첨되기를 바라는 것은 아닌지, '날씬한' 몸매를 바라면서 '칼로리 높은' 떡볶이를 먹고 있는 자신을 돌아볼 필요가 있다.

나쁜 습관은 중독성이 강하고 끊기가 어렵다. 그동안의 나쁜 습관을 인정하는 것, 그리고 좋은 습관으로 하나씩 대체해 나가는 것. 이것이 1년 동안 배운 것이다.

아주 단순한 것 같지만 그 단순한 것조차 실천하지 못하는 나약함을 이젠 인정해야 한다. 사람마다 자신의 가치는 분명히 있다. 뿌리고 싶은 씨앗이 무엇인지 스스로 찾는 시간이 필요하다.

나는 현대 의학의 발달로 수명이 연장되면서 100세 인생을 바라볼 수 있는 행운을 얻었다. 이것이 행운이라는 것을 직감했다. 그래서 보너스 같은 '노후 인생 30년'을 새롭게 계획한다. 나 스스로를 새롭게 리셋해서 씨앗을 직접 뿌려보려고 한다. 내가 뿌린 씨앗이 열매를 맺는 기간은 10년으로 정한다. 그동안의 삶에서 배운 것이 20대, 30대, 40대, 10년마다 새로운 도전과 결과를 얻었기에 그동안의 경험을 토대로 50대 중반에서 다시, 노후에 하고 싶은 일의 씨앗을 뿌린다. 그 씨앗의 첫 번째 행동이 바로 책 쓰기다.

책의 초고를 쓰고 기획서를 작성해서 출판사에 투고했을 때 손 내밀어준 출판사가 '넥스웍'이었다. 당시 얼마나 기뻤는지 모른다. 새롭게 노후를 준비하는 첫 단추를 끼울 수 있게 된 것이다. 진심으로 출판사 대표님께 감사의 마음을 전한다. 더불어 늘 곁에서 응원해주는 사랑하는 가족에게도 진심으로 감사한 마음을 전한다.

이 책의 구성은 1장은 안식년 동안 배우고 실천한 내용으로, 은퇴를 준비하기 딱 좋은 시기에 쌓을 수 있는 부자 습관 7가지를 제시하고 2

장과 3장은 고군분투했던 40대에 쌓아온 근로자의 삶과 성장 그리고 50대 자신의 삶을 되돌아보는 시간을, 4장은 노후에도 계속 이어 가고 싶은 일과 자신의 정체성 찾아보기, 5장은 노후에도 지속돼야 하는 자산 증식과 투자 이야기를, 6장은 노후를 준비하는 자산 증식 7단계를 제시한다. 부록으로 부자 습관 쌓기 위한 도서 목록을 넣었으니 참고하길 바란다.

40대는 인생의 콘텐츠를 만들 수 있는 중요한 시기이다. 일찍 시작할수록 여유롭게 살 수 있는 노후가 보장된다. 하루하루 작은 습관부터 시작해서 '노후까지 즐길 수 있는 환경'을 만들어 가 보자. 10년, 20년, 30년 후의 우리의 모습을 그려보자.

스스로를 디자인해 보는 것! 지금 나는 하고 싶은 것이 참 많아졌다.

"나는 할 수 있다. 나는 운이 좋다. 나는 분명 성공한다."
"감사합니다, 사랑합니다, 행복합니다."

오늘도 이렇게 외치고 하루를 시작한다. 이제 시간은 내 편이다.

목차

1장 마흔, 은퇴를 준비하기 딱 좋은 시기 7가지 부자 습관 쌓기

2장 40대, 평범한 근로자로 산다는 것은

6장 노후를 준비하는 자산 증식 7단계

마흔, 은퇴를 준비하기
딱 좋은 시기
7가지 부자 습관 쌓기

1

원하는 것 알아보기

"오늘 점심은 뭐 먹을까, 오늘 저녁은 뭐 먹을까?"

매일같이 반복되는 질문이다.

"글쎄, 오늘은 뭐 먹지, 당신은 먹고 싶은 거 있어?"

다시 반문한다.

집에서 요리를 직접 하면, 한 끼 먹고 나서 남는 음식에 추가해서 먹으면 되는데, 밖에서 식사하거나, 새롭게 요리하기 위해 장을 볼 때, 항상 고민되는 것이 먹거리다.

먹거리가 완전히 다양한 것도 아닌데, '한식, 중식, 양식, 분식, 일식 중 어떤 거?'라고 묻고, 한식이라고 하면 '김치찌개, 된장찌개, 부대찌개. 아니면 주꾸미볶음?' 등 내가 있는 주변의 식당을 찾아보고 그중에서 선택한다.

매일같이 반복되면, '고민하지 않고 더 쉽게 정할 방법이 없을까?'라고 생각했을 때는 일주일 식단을 정해서 고민 없이 먹기도 한다.

그런데 사람의 마음이 그날 날씨에 따라, 기분에 따라, 상황에 따라 먹고 싶은 것이 달라진다. 그러다 보면 다시 매일 반복해서 묻는다. 먹는 것에 진심인 가족을 위해 그렇게 계속 묻는다.

"오늘은 뭐 먹지?"

스스로 선택하는 힘을 기르자

이렇게 매일 먹는 것도 선택하기 어려운데, 지금 일에서 벗어나고 싶어 "당신 원하는 것이 뭐야, 어떤 일을 하고 싶은 거야?"라고 물으면 더욱 대답하기 어렵다. 정작 기회가 주어졌을 때 선택을 못 한다. 우리는 셋 중에 하나, 아니 둘 중에 하나를 선택하라고 해도 고민한다. 이는 정확히 내가 무엇을 원하는지 모르기 때문이다. 아니 더 정확히 말하면, 내가 선택하는 것보다 선택된 것을 하는 것에 익숙해져 있기 때문이다.

선택 장애를 없애기 위해서 스스로 '생각하는 습관'을 가져야 한다. '생각한다.'라는 것은 에너지를 쏟는 일이다. 스스로 생각하기가 귀찮아서 그곳에 에너지를 쓰기 싫어서 누군가가 정해놓은 것을 하려고 하지는 않는가?

나는 귀찮을 때, 의지가 없을 때, 대부분 남들이 생각해서 결정한 것을 따르려고 한다. 그럼 선택 장애를 벗어나기 위한 '생각하는 습관'은 네 단계로 순서에 따라 꼭 지켜야 한다.

첫째, 나에게 시간을 주기로 결심한다.
둘째, 나에게 질문한다.
셋째, 찬찬히 생각한다.

넷째, 한 가지를 정해 곧바로 행동한다.

진지하게 자신에게 질문해 보자.
'정말 내가 하고 싶은 것이 무엇이지?'
그리고 나에게 시간을 주자. 빨리 결정하라고 보채지 말고, 찬찬히 여유 있게 돌아보라고 시간을 줘야 한다. 즉 나에게 시간을 주기로 하고, 질문을 던지고, 생각한다.

생각의 시간을 가진 후 '나는 무엇을 하고 싶어.'라고 선택을 했다면 그다음에는 곧바로 '행동'해야 한다. 그런데 보통 생각만 하고 여기서 멈추고 만다. 행동하기가 또 귀찮아지기 때문이다. 행동하려면 지금 편안하게 길든 습관에 돌을 던져야 한다. 잔잔한 호수에 돌을 던지듯 잔잔한 나의 습관에 돌을 던져 파장을 일으켜야 한다.

동기부여는 우선 '돈'에 맞춘다

지금의 내가 되기 위해 그 많은 시간 동안 길든 내 습관을 깨야 하는 것, 이것이 가장 큰 장애물이다. 그래서 행동하기 전에는 잔잔한 호수에 던질 수 있는 의지를 스스로 불어 넣는 작업이 필요하다. 의지 없이 행동하기란 참 힘들기 때문이다. 의지를 갖기 위한 동기부여, 동기부여를 스스로 만들어줘야 한다. 동기부여는 자발적으로 생기지 않는다. 억지로 만들어야 한다. 그리고 그 속에 밀어 넣어야 한다.

보통, 억지로 만들 수 있는 가장 큰 동기부여가 '돈'이다. 내가 움직여서 내게 돈이 많이 들어온다면, 사람은 움직이게 되어있다. 돈을 모아 '부자'가 되는 길을 방향으로 잡으면 동기부여는 단계별로 만들 수 있다. 부자로 가는 길에는 단계별로 필요한 습관이 있다. 이 습관은 이미 성공한 사람들이 책을 통해 강의를 통해 말하고 있기에 의심할 여지가 없다. 그 행동을 했느냐 아니냐의 선택만 있을 뿐이다.

당신이 원하는 것이 무엇이냐고, 당신은 무엇을 위해 일을 하느냐고 물으면 가장 보편적인 답은 나와 내 가족이 경제적으로 여유 있게 살아갈 수 있는 '경제적 자유'라고 대답한다.

'돈', '돈' 한다고 누군가는 너무 속물 같다고 말할 수도 있다. 하지만 어쩔 수 없다. 돈을 중심으로 하면 동기부여가 되고 곧바로 행동으로 이어가기 쉽다. 나는 그랬다.

'돈이 많았으면 좋겠다, 아이들에게 필요한 것 돈 걱정 없이 사주면 좋겠다, 돈 걱정 없이 좀 더 넓은 집에서 살면 좋겠다, 돈 걱정 없이 부모님께 용돈을 많이 드리면 좋겠다, 돈 걱정 없이 여행할 수 있으면 좋겠다, 돈 걱정 없이 사업하면 좋겠다.'

셀 수 없이 머릿속에 떠올렸던 말들이다. 그런데 나는 지금 어떤가? 돈 걱정 없이 원하는 것을 하고 있는가? 그 오랜 시간 동안 생각했었다면 지금은 돈 걱정 없어야 한다. 그런데 우린 어제와 1년 전, 그리고 10년 전과 크게 달라져 있지 않다. 바로 생각만 하고 원하는 것만 말하고 행동이 없었기 때문이다.

귀찮아서, 안 될 것 같아서, 시간이 없어서, 힘들어서.

변명을 하려면 이것 또한 셀 수 없이 많다. 하지만 변명은 변명일 뿐이다. 실천하지 않는 자가 하는 변명이다. 행동하는 자는 변명이 줄어든다. 변명보다는 행동하고 결과를 얻는 것이 더 의미 있다는 것을 알기 때문이다.

행동하고 나서의 결과가 지금의 모습이고, 지금 모습이 만족스럽지 않다면 그냥 인정한다. 하지만 행동하지 않은 사람들은 수없이 변명하기 바쁘다.

　내가 원하는 것이 무엇인지 알아볼 때는, '내가 무엇을 하면 돈을 많이 벌 수 있지?', '내가 원하는 돈은 얼마지?', '나는 그 돈을 벌면 무엇을 할까?'라고 돈을 많이 벌었을 때의 모습과 환경을 상상해서 청사진을 펼쳐보아라.
　내가 원하는 나의 모습을 그려보자. 화가가 밑그림을 그리는 것처럼, 건축가가 설계도를 그리는 것처럼, 직장인이 기획서를 작성하는 것처럼, 작곡가가 악보를 그리는 것처럼 일단 시작해 보자.
　'원하는 모습의 청사진을 눈앞에 펼쳐보아라.'
　이것이 바로 부자 습관의 첫 단계다.

2

변화를 모색해야
지혜가 생긴다

"영화 보고 싶은데……."라고 말하면 남편은 "여기서 골라봐."라고 대답하며 아이패드를 건넨다. 넷플릭스, 티빙…… 등 다양한 플랫폼에 다양한 장르의 영화가 나온다.

영화의 선택은 그날의 기분에 따라 달라진다. 어떤 날은 기분이 좋아지는 유쾌한 코믹물, 어떤 날은 생각해야 하는 사극, 어떤 날은 범죄영화 같은 액션물……. 아니면 어떨 때는 사랑이 꽃피는 그런 영화를…….

내 마음 상태에 따라 고른다. 한 달에 1~2회 정도! 기분 전환을 위해 영화를 보고 싶은 날은 영화관을 찾지 않아도 집이나, 카페, 아니면 다른 어느 장소에서 감상할 수 있다.

여기서 내가 영화를 고르는 기준은 결과가 해피엔딩이어야 한다. 과정은 험난했어도 결과는 행복이어야 한다. 그래야 볼 맛이 난다. 과정도 힘든데 결과도 힘들다면, 이것을 보는 이유가 없다. 영화를 보는 것은 내게는 힐링이어야 한다. 기분전환이어야 한다. 보고 나면 행복해야 한다. 왜냐하면 나도 내 인생의 시나리오를 쓸 것이기에, 기대하게 하는 결과물이 좋다.

나의 분신 핸드폰, 나를 정복한 핸드폰

언제 어디서든 시, 공간을 초월한 시기에 사는 요즘, 온 국민이 나쁜 습관 속으로 방향을 잡아가고 있다. 스스로 보는 시간을 통제하지 않으면 우리는 언제나 이런 미디어 속으로 빠져들게 된 세상이다. 핸드폰 하나가 노트북 가격인 시대! 변화해 가는 세상에서 살아남기 위해서는 변화해 가는 파도 위에 있어야 그 세상을 알 수 있다. 하지만 이것이 독이 되기도 한다. 좋은 습관과 나쁜 습관의 사이에는 핸드폰이 버티고 있다.

아침 출근하는 길에 핸드폰을 보고, 일하는 중간마다 메시지 온 것 없나 확인하고, 저녁 퇴근길에도 핸드폰 화면을 무심하게 넘기고, 저녁 식사 후 잠자리에 들 때도 핸드폰을 옆에 두고 있다. 핸드폰과 나는 한 몸이 되어 나의 하루를 지배하고 있다.

우리 모두의 이야기다. 참으로 통제하기가 어렵다. 하루하루가 이렇게 반복되고 있다면, 오늘과 내일, 내일과 내년, 시간이 지나도 나의 모습은 변함이 없을 것이다.

과거의 행동이 모여 지금의 내 모습이 되었듯이, 지금부터 내가 하는 행동이 나의 미래 모습이 된다는 것은 이미 답이 나와 있다. 그런데도 우리는 '오늘의 습관'을 이어가고 있다. 만약 지금부터라도 나의 모습을 변화시키고 싶다면 하루의 시간 중 핸드폰을 보는 시간을 철저하게 통제해야 한다. 업무와 관련된 일이 아니라면 철저히 분리해야 한다.

미래의 청사진을 그려보자

부자 습관의 첫 단계인 1년 후, 10년 후, 80세 노후의 내 모습을 청사진으로 그려보자.

어느 날 남편이 집에 들어오면서 그런 말을 한다.

"요즘 00 님은 계속 화가 나 계신 것 같아. 표정도 예전 같지 않게 인상을 쓰고 계시고."

오랫동안 함께 봐왔던 어르신의 모습이 시간이 갈수록 웃는 모습보다는 화난 표정이 더 많아 보인다는 것, 나는 이 이야기를 듣는데, 그렇다면 앞으로 나의 모습은 어떻게 변화해 갈까? 빗대어 생각해 보게 된다.

미래의 청사진에는 우선 3가지를 그려 넣는다.

첫째, 기간은 1년, 3년, 5년, 7년, 10년으로 정한다.
둘째, 돈의 목표 금액을 정한다.
셋째, 돈 옆에 활짝 웃는 얼굴을 그려 넣는다.

첫 단계의 목표는 돈을 기준으로 세우면 동기부여가 확실하게 된다고 했다.

그다음은 원하는 목표의 돈을 벌었을 때 나는 어떤 표정을 하고 있을지 그 모습을 한 번 더 그려보자. 주름은 늘었지만 입가는 여전히 올라가는 온화한 표정으로 말하고 있는지, 아니면 입가는 내려가 있고, 이마에 눈썹 사이가 세로로 주름 가게 인상 쓰며 퉁명스럽게 말하고 있을

지 생각해 본다. 노후 얼굴의 주름살과 표정은 그 사람이 살아온 인생을 말해준다고 한다.

이렇게 '돈'의 목표 금액을 적고 그 옆에 노후의 표정도 함께 그려 넣는다. 바로 나의 미래 가치를 넣어보는 것이다.

나는 미래 노후 청사진의 표정은 배우 김혜자 님, 윤여정 님, 이순재 님을 떠올려본다. 이분들의 웃는 표정에는 인생이 파노라마처럼 펼쳐진다. 이처럼 나의 웃는 표정에 나의 인생을 담아본다. 지금의 모습에서 내가 그린 청사진 속의 내가 되기 위해서는 어떤 변화가 필요한지 생각해 본다. 변화하지 않으면 지금의 모습 그대로이거나 아니면 그 이하가 될 가능성이 크다.

변화를 위해서는 목표 설정할 때, 10년 목표를 원대하게 세우고, 그 과정은 홀수로 정해보는 것이다. 1년, 3년, 5년, 7년이다. 이것을 거꾸로 하면 10년 목표 아래, 7년 차가 되었을 때 돈과 웃는 표정, 5년 차가 되었을 때 돈과 웃는 표정, 3년 차가 되었을 때 돈과 웃는 표정, 1년 차가 되었을 때 돈과 웃는 표정이다. 그것도 환하게 웃는 표정의 얼굴을 그린다.

돈을 벌었을 때, 돈을 버는 과정들이 웃는 얼굴이어야 한다. 내가 목표한 금액을 달성하고 그 돈으로 가치 있게 사용하면서 웃는 표정! 생각만 해도 기분 좋지 않은가. 번 돈으로 가족을 위해 쓰고, 나를 위해 쓰고, 이웃을 위해 쓰고, 사업에 재투자하는 모습을 생각해 보라.

사랑도 돈도 받는 것보다 나눠줄 수 있을 때 기분이 더 좋은 법이다.

나는 함께 하고 싶은 사람에게 밥 한 끼 사줄 수 있을 때 기분이 좋다. 밥 한 끼 살 때 금액을 보지 않고 먹고 싶은 것을 고르라고 할 때 기분이 좋다. 돈에 상관없이 원하는 장소에서 밥을 먹을 수 있을 때 좋다.

나이가 들어서 밥 잘 사주는 사람이 되고 싶다.

핸드폰 보는 시간, 책 읽는 시간

목표한 돈을 위해 직장에 다니든, 사업을 하든, 투자하든, 어떤 것을 해도 상관없다. 지금보다 돈을 더 많이 벌기 위해서는 더 많은 시간이 필요하고 더 많은 행동이 필요하다. 즉 더 많은 시간을 분배하기 위해서는 '돈 버는 습관'을 장착하는 것이 좋다. 돈 버는 습관을 만드는 시간이 필요한데, 일상에서 시간을 추가로 만들어 내기는 힘들다. 그만큼 우리는 빡빡하게 생활하고 있기 때문이다. 그렇다면 쓰고 있는 시간을 돈 버는 습관으로 대체하는 방법이 좋다. 가장 활용하기 좋은 현실적인 방법은 핸드폰 보는 시간을 '쓸모 있는 시간'으로 바꾸는 것이다.

돈 버는 부자 습관 만드는 두 번째 방법은 '책 읽기'다.
책 읽는 시간을 확보해야 한다. 꾸준히 매일 반복적으로 할 수 있는 시간으로 말이다. 바로 핸드폰 보는 시간을 책 보는 시간으로 대체하는 것이다. 아침에 일어나자마자, 출퇴근할 때, 쉬는 시간, 잠들기 전에 습관적으로 핸드폰을 꺼내 들었던 그 시간에 책을 읽는 것이다. 종이책으로 보는 것이 가장 좋고, 만약 여건이 안 된다면 전자책을 보거나 오디오북을 듣는 방법도 좋다. 오디오북은 들으면서 생각할 수 있는 장점이 있다. 생각할 시간이 필요할 때, 그 주제와 연관된 오디오북을 들으며 걸으면 효과가 좋다. 내 경우는 내 유튜브 채널 '미소영 미소생각'에 올린 영상을 자주 듣는다. 책을 읽고 기억하고 싶은 내용을 담고 있기 때문에, 그 영상을 검색해서 다시 듣기를 하고 있다. 그렇게 오디오북을 들으며 걷다 보면 생각이 몽글몽글 피어나다가, 어느 순간 번뜩하는 아이디어가 떠오를 때가 있다.

　일단 책 읽는 환경, 책으로 들어가, 책과 친해지는 것이 중요하다. 책을 읽다 보면 내가 모르던 것을 알게 되고, 내가 원하는 것을 찾게 되며, 실행으로 옮길 수 있는 방법을 제시해 준다. 책을 읽고 내게 필요한 점을 정리해서 곧바로 행동으로 옮기면 된다. 책을 읽고 생각하기와 행동하기를 반복하는 과정에서 지혜가 생기기 시작한다.

　책 읽는 방법으로 나는 '본.깨.적 독서'를 하고 있다. 책을 읽고, 읽은 내용 중 깨달은 것을 적고, 그중에 하나를 꼭 나에게 적용하는 것이다. 책을 한 번 읽고 나면 시간이 지나면 기억이 희미해진다. 보통 3번을 읽으려고 한다.

　첫 번째 읽을 때는 노란색 지구 색연필을 들고 제목을 보고 처음부터 끝까지 속독한다.

　두 번째 읽을 때는 책의 의미를 생각하며 정독한다. 이때 밑줄 긋고 여백에 필사한다.

　세 번째 읽을 때는 밑줄 긋고 필사한 내용을 중심으로 읽으며 그중에서 내게 적용할 것을 찾는다.

　여기서 꼭 해야 하는 것이 적용하기다. 내 경우 '1책 1적용'을 목표로 하고 있다. 책 한 권에서 한 개의 적용할 것을 찾아 직접 해보는 것이다. 책을 읽기만 했을 때는 잊어버리기 쉬운데 실제로 적용하면서 몸으로 경험하면 오래 기억되고, 좋은 습관으로 장착하게 된다. 내가 원하는 방향에 맞는 책을 선정하고 읽기 시작하면 부자 습관 만들기 2단계는 무난히 따라온 것이다. 너무 쉽지 않은가? 여기까지 따라온 것을 축하한다.

그럼 3단계는 무엇일까?

3
운이 들어오는 때를
기다리자

"올해의 마지막 날이니까 복권 살까?"

"어, 여기 1등이 많이 나온 곳이래, 복권 살까?"

남편은 5천 원 복권을 의미 있는 날, 기억하고 싶은 날, 1등 당첨 많은 판매소가 보이면 산다. 당첨이 되지 않더라도 일주일 동안의 기대하게 하는 대가로 아깝지 않다고 생각하는 것 같다. 사면서 "1등에 당첨되면 좋겠다. 1등에 당첨되면 뭐 할까?"라고 묻기도 한다. 하지만 그 많은 세월이 흘렀어도, 당첨되었다는 소리를 들은 기억이 없다. 복불복으로 5천 원에 당첨되는 경우는 이따금 있었지만 말이다.

스스로 한계를 두지 말자

앞에서 미래의 청사진을 그릴 때 목표 기간을 1년, 3년, 5년, 7년, 10

년 단위로 세우라고 제시했다. 이 말을 바꾸면 결과는 1년 뒤, 3년 뒤, 5년 뒤, 7년 뒤, 10년 뒤에 나온다는 것이다. 이렇게 단위를 결정해 놓으면 우리는 때를 기다릴 수 있게 된다. 지금 행동한다고 곧바로 결과가 나오지 않는다는 사실을 인지하지만, 그동안 내가 아무것도 하지 않으면 아무 결과도 없다는 것을 알고 시작하는 것이기 때문이다.

그리고 목표를 설정할 때는 스스로 한계를 두지 말아야 한다. 스스로 한계를 두면 행동도 한계를 두게 된다. 과거에 했던 행동과 결과로 미래에 한계를 두는 것이 가장 바보 같은 행동이다. 앞으로의 길은 그동안 해보지 않았던 것을 하게 될 것이다. 왜냐하면 더 큰 목표에는 그동안 하지 않았던 것을 해야 가능할 테니 말이다.

인간은 태어날 때부터 각자마다 능력을 지니고 태어난다고 했다. 단지 그 능력을 최대한 꺼내어 쓰느냐 아니냐는 본인의 선택이다.

내가 원하는 날짜에 원하는 목표를 얻으려면 그 과정에는 피나는 노력과 행동이 따라야 한다. 그 과정에서 분명 예상하지 못했던 아이디어와 알지 못했던 방법과 행운과 같은 기회를 얻게 된다. 노력하는 사람은 누군가의 눈에 띄게 되어 있다. 곧바로 알 수 있는 이유는 눈빛과 표정부터 다르다.

강의장 앞에서 강의를 하다 보면, 듣는 사람들의 표정이 한눈에 들어온다. 코로나로 인해 마스크를 쓰고 있어 눈 빼고는 볼 수 없음에도, 눈만 보아도 웃고 있는지 금세 알 수 있다. 그리고 눈빛이 다르다. 졸린 눈과 초롱초롱한 눈빛은 금방 알 수 있고, 또 한 가지 몸짓으로 더 선명하게 구별할 수 있다. 강의 내용에 몰입하는 분들은 책상 앞쪽으로 몸이 쑥 나와 있다.

곧바로 달려오기라도 할 듯, 강의를 듣다가 곧바로 메모한다. 하지만 반대로 팔짱을 끼거나 몸이 뒤로 젖혀져 있거나 눈빛이 흐릿하고, '어디 한번 들어보자.'라는 태도로 보이기도 한다.

강의를 빗대어 설명했지만, 다른 모든 과정에도 이와 비슷한 모습을 알아챌 수 있다. "그래, 잘하고 있어. 조금만 힘내! 그러면 원하는 것을 얻을 수 있어."라고 말해주듯 말이다. 좋은 습관으로 좋은 결과를 향해 가고 있는 과정에는 좋은 운이 따라올 수밖에 없다.

열매를 맺는 기간은 각자 다르다

부자 습관 3단계는 긍정적인 마음가짐이다.

부정적인 마음으로 '안 될 거야, 난 노력해도 안 되더라, 난, 운이 없어. 난 돈이 들어오지 않아. 내 생애 부자는 꿈속이나 가능한 건가?'와 같은 이미 안 될 상황들을 먼저 생각하면 우리의 뇌는 부정적인 길로 방향을 틀어버린다고 한다.

될 것보다 안 될 것을 더 생각하게 되는 거다. 이렇게 부정적인 생각을 하게 되면 행동을 머뭇거리다가 멈추게 된다.

'어차피 해도 안 될 건데, 그냥 쉬자, 오늘은 쉬자, 안 할래.'라고 우리 생각의 방향은 하지 않는 쪽으로 몰고 가게 된다.

인생을 살아가면서 항상 두 갈래 길이 나온다. 그리고 선택하게 한다. '어느 길로 갈래?'라고 묻는 것은 '어느 방향으로 갈래?'이고, 그 방향은 '부정적인 방향으로 갈래, 긍정적인 방향으로 갈래?'라고 묻는 것이다.

아주 소소한 것부터 우리에게 선택과 결정을 스스로 하게 한다.

스스로 결정한 선택이 곧 결과로 이어지게 된다. 부정적인 마음을 갖는 것부터가 부정적인 선택이다. 부정적인 마음으로 걷는 길에 좋은 운이 따를 리 만무하다.

여기 과일 농장이 있다. 사과나무, 배나무, 감나무 등 다양한 나무가 심겨 있다. 처음부터 사과나무를 심어야 사과가 주렁주렁 달리고, 배나무를 심어야 배를 수확할 수 있다. 씨를 뿌리고 기다려야 열매를 얻을 수 있다. 이것은 자연의 법칙이다.

기다리는 과정에서 열매가 맺을 수 있도록 빛, 온도, 수분을 조절하고 영양분을 주어야 한다. 나무마다 열매가 열리는 기간도 각각 다르고, 얼마나 정성을 들였느냐에 따라 결과물도 달라진다. 결과물이 달라지게 하도록 노력하는 시간은 배움과 성장의 시간이 된다. 씨를 뿌리면 일단 기다려야 한다. 잘될 거라고 긍정적으로 생각하며, 열매가 열릴 때까지 기다려야 한다.

목표와 행동에 한계를 두지 않는 것, 그리고 긍정적인 마음으로 기다리는 것, 이것이 바로 부자 습관의 3단계이다.

운이 좋다고 믿어야 긍정 운이 들어온다.

4

최선을 다해
일상을 기록하자

부자 되는 습관 만들기를 3단계까지 다시 정리하면 다음과 같다.

1단계는 내가 하고 싶은 것을 생각하고 미래 그려보기(청사진 그리기)
2단계는 핸드폰 보는 시간을 책 읽는 시간으로 바꾸기(책 읽기)
3단계는 긍정적인 마음과 믿음으로 결과 기다리기(긍정적인 마음 갖기)

여기서 문제를 맞닥뜨리게 된다. 책 읽기를 하고 긍정적인 마음으로 행동하는 것을 습관으로 만들어야 하는데, 매일 똑같고, 일상이 지치면, 굳게 가졌던 동기부여도, 실천하기 싫어질 때가 꼭 찾아오게 된다. 잠시라도 기존 습관의 편안함이 생각나고, 다시 귀찮다는 생각이 들면 부정적인 마음이 귀신같이 찾아와 속삭인다. '괜찮아, 예전처럼 해도 돼. 뭐 크게 달라는 게 있겠어?'라고 말이다.

이렇게 되는 과정이 작심삼일이다, "일주일을 못 갔어. 30일 실천은

말도 안 돼, 100일 정말 힘들겠다."라는 말을 하게 되고 목표했던 것은 흐지부지된다. 이것이 우리가 그동안 해왔던 목표와 실천 그리고 원래의 모습으로 돌아가는 과정이다.

부자 되는 습관 만들기 4단계는 원래로 돌아가는 습관을 성공 습관으로 만드는 것이다.

생각보다 간단하다. 이것은 모두 할 수 있다. 단 혼자 힘들다면 함께하는 사람을 찾는 것이 도움 된다. 바로 매일매일 기록하는 환경을 만드는 것이다. 성공 습관으로 기록하는 방법은 다양하다.

아침 확언, 감사일기, 책 읽기, 목록 만들기 등 이런 다양한 활동을 일정한 장소에 꾸준히 기록하는 것이 중요하다. 나 혼자만 보는 곳도 좋지만, 남들이 볼 수 있는 곳에 함께 기록한다. 사람들은 나 혼자 할 때보다 누군가에게 선언하고 기록하기 시작하면 한 번 더 생각한 후 체념할지를 결정하게 된다.

무조건 따라 하자

기록하는 습관을 만드는 것은 필자도 아주 힘들었다. 여러 가지 방법을 시도해 봤는데 그중 꾸준히 이어가는 데 어렵지 않고 최대한 효과를 본 세 가지를 소개한다.

첫째, 일어나자마자 곧바로 '모닝 일기' 쓰기
둘째, 하루 중 편한 시간에 '독서 인증과 필사'하기
셋째, 잠들기 전에 '감사일기' 쓰기

모닝 일기 쓰기는 아침에 일어나자마자 쓴다. 아침에 눈을 뜨자마자 곧바로 책상에 앉아 몽롱한 상태에서 쓰는 것이다. 이때 하는 기록은 형식에 상관없이 그냥 드는 생각을 써 내려간다. 책을 읽고 적용점을 찾아 직접 해볼 때는 항상 '이게 가능할까?'라고 반신반의로 시작하게 되는데, 직접 하다 보면 나에게 맞는지 아닌지 알게 된다. 아침에 일어나자마자 쓰는 '모닝 일기'는 정말 잘 써진다. 내가 무슨 얘기를 했는지도 모른다. 남들에게 보여줄 것이 아니기 때문에 누군가를 욕해도 괜찮다. 평소 체면 차리느라 하지 못했던 말을 해도 좋다. 그것이 내 마음이니까, 아프면 아프다고, 힘들면 힘들다고, 좋았으면 좋았다고 쓰면 된다.

독서 인증은 독서 모임을 활용하면 좋다.

나는 '스윗폴'이라는 독서 모임을 하고 있는데 우리끼리는 '스윗폴 5번방'이라고 말한다. 매주 1권씩 책을 읽고, 아침 7시까지 자신이 읽은 내용 중 와닿는 문구를 스탬프 사진으로 찍어 올리고 필사를 하는 것이다. 함께 공통 도서를 읽을 때는 그냥 무심히 넘겼던 내용을 다른 친구들이 인증하고 필사한 내용을 읽으면서 다시 생각하게 된다.

그리고 주말에는 1시간 줌미팅을 한다. 한 주 동안 읽었던 책의 내용 중 깨달은 점과 적용할 점을 각자 얘기한다. 책을 읽고, 필사하고 대화하고 적용점을 찾아 다음에 행동으로 옮긴다. 책을 읽기만 하는 것은 의미가 없다. 책을 읽고 나에게 적용점을 찾았을 때, 그 적용점을 직접 실천했을 때 가치가 있다.

감사일기 쓰기는 저녁때 잠들기 전에 한다.

하루를 뒤돌아보며 고마웠던 것, 서운했던 것, 개선이 필요한 것 등을 정리하며 그런데도 '감사합니다.'라고 마무리하는 것이다.

이렇게 최선을 다해 기록하다 보면, 자신의 마음을 알게 되고, 진정 내가 원하는 것이 무엇인지 다시 생각하게 되고, 원하는 것을 하기 위해 무엇을 해야 하는지 또 생각하게 된다. 1단계 청사진 그리기를 습관화하는 것이다. 가능하면 노트에 손글씨로 쓰는 것이 좋다.

실제로 아침에 '모닝 일기'를 썼을 때와 저녁에 '감사일기'를 쓸 때의 생각이 다름을 알게 된다. 특히 하루를 시작하는 모닝 일기는 잠자리에서 일어나 멍한 상태에서 하는 명상 시간이 된다. 이렇게 하루의 시작은 모닝 일기, 중간은 독서 필사, 저녁에는 감사일기로 마무리하면, 하루를 생산적으로 알차게 살았음을 알게 되고 스스로 고마워하게 된다.

그리고 위의 내용을 SNS에 기록해보자.

블로그, 인스타그램, 단톡방 등 자신이 올리기 편한 곳이면 어느 매체도 좋다. 그중에서 기록한 것을 다시 꺼내 볼 수 있고 그 내용이 차후 콘텐츠로 확장할 수 있는 것으로 블로그를 추천한다. 손으로 쓰는 것은 매일, 블로그로 올리는 것도 매일 하면 좋으나 힘들다면 1주일에 몇 회를 정해서 도전해 본다. 쓰기는 자꾸 반복해서 하다 보면, 쓰는 대로 이루어지는 경험을 하게 된다.

나는 최선을 다해 하루를 기록한다. 매일 기록하면 쓰는 대로 이루어진다.

5

경제 흐름을 알아야 돈이 보인다

'돈 벌고 싶다, 그것도 많이 벌고 싶다. 돈을 많이 벌어 성공한 사람들은 어떻게 했을까?'

많은 사람이 소망하는 것이 '돈 많이 벌고 싶다.'이다. 이 마음을 담아 부자 습관 만들기 1단계의 청사진을 그릴 때는 돈을 목표로 삼으라고 했다.

성공으로 가는 길에는 크게 두 가지 길이 있다. 사업으로 성공하는 길과 투자로 성공하는 길이다. 성공했다고 하는 사람들의 공통점은 책을 읽고 공부했다는 것이다. 더불어 그다음에 꼭 따라야 하는 것이 '나에게 곧바로 적용해보는 것'이다. 적용하는 단계가 없다면 성공도 없다. 그리고 대부분 적용한 것을 사업이나 투자로 확장한다.

성공은 공부하고 적용해서 사업을 하는 것이다. 사업은 1인 기업부터 중소기업 대기업까지 모두 해당하고, 강의, 스마트스토어, 요식업,

공장 운영 등 다양한 업종이 해당한다. 투자는 부동산, 주식, 채권, 금 등 종목도 다양하다. 경제 흐름을 타고 가는 곳곳에 사업모델이 있다.

그중에서 무자본으로 할 수 있는 방법은 부자들이 공통으로 한 '독서' 를 이용하는 거다. 부자들의 성공 습관을 나에게 적용하면서 돈도 버 는 방법이 있다. 책을 읽고 적용하면서 글을 쓰고, 글을 SNS에 꾸준히 노출시키면서 인지도를 높이고, 그 경험을 책으로 쓰고, 책의 내용으로 강의를 하는 것이다. 이 과정은 오프라인에 기반을 둔 다른 사업보다는 비용이 적게 드는 대신 시간을 녹여내야 한다. 결국 경험을 콘텐츠로 사업까지 확장하는 방법이다.

의식적으로 보려고 노력해야 보인다

성공으로 가는 길에는 경제 흐름을 알아야 돈이 보인다. 하지만 경제 흐름은 의식적으로 보려고 노력해야 보인다. 현실에서 맞닥뜨리는 순 간은 이미 늦어버린다. 현재의 결과는 과거 뿌린 씨앗의 결과이기 때문 이다. 미래를 바라보려면 다시 씨앗을 뿌리고 기다려야 한다. 성공한 사람들은 미래를 바라보고 남들이 움직이지 않을 때 한 발짝 아니 반 발짝 앞서 걷는다고 한다. 그들은 과연 미래를 어떻게 바라보는 것일 까?

경제 흐름을 보는 방법은 신문보기, 책 읽기, 강의 듣기 등 다양한 방 법이 있지만, 아주 적은 돈으로 곧바로 시작할 수 있는 것은 신문보기 다. 신문보기는 종이신문과 인터넷 신문이 있는데, 가능하면 종이신문 을 구독해서 보는 것을 권한다. 과거 한때 경제신문을 구독해서 보았을 때, 의지가 박약해서 처음에는 열심히 보다가 시간이 지나면서 드문드문, 어느 시점이 되니 한 번도 보지 않은 상태로 쌓이기만 하고 결국 재활용으로 분리수거했었다.

시간이 흘러보니, 그때 좀 더 적극적으로 신문보기를 했다면 지금 내가 아는 정도는 분명 달라졌을 거라고 믿게 되니, 지금부터 읽는 종이 신문은 달라야 한다.

종이 신문 중에서도 한경, 매경 등 경제지를 본다. 36면에 해당하는 내용을 처음부터 정독하기는 어렵다. 우선 그날의 가장 핵심인 기사는 1면, 화제성 기사는 2면, 그리고 1면과 2면의 기사 내용과 경제계의 주요 기사는 3면~10면까지 배치되어 있으므로, 관심 분야를 먼저 정독한다. 그리고 여건이 된다면 끝까지 제목과 부제목을 골고루 읽고 그날 경제 용어 '단어' 하나를 경제 노트에 적고 공부한다. 글쓰기 능력까지 고려하면 '사설'을 꾸준히 필사해보는 것도 좋다.

종이 신문을 보면서 해야 할 것

첫째, 특정 관심 분야와 더불어 다른 분야도 같이 본다.
처음부터 끝까지 넘기다 보면 자세히 읽지 않는다고 해도 큰 제목을 쓰윽 읽게 되고, 그사이 관심 문장이 눈에 띄고, 궁금증이 생기면 자세히 보게 된다. 신문읽기는 자세히 보면 1시간은 족히 걸린다. 이것은 각자 상황에 맞게 시간을 정한다.

둘째, 경제 용어를 공부한다.
경제 용어는 참 어렵다. 관련 글을 읽어도 이해하기 어려워 중간에 그만두게 된다. 매일 한 단어를 공부한다든가, 아니면 경제 기사 보는 방법을 알려주는 책을 한 권 사서 정독하는 것도 좋다. 어설프게 알고, 어설프게 생각하는 습관을 들이면 기사의 이면을 읽어내기 어려워진다. 경제 기사를 보다가 모르는 단어가 나오면 찾아서 메모하고 기록하는 습관을 들인다.

셋째, 딱 1년만 해보자

만약 하루에 한 단어만 공부해도 1년 365일 중 일요일을 빼면 약 300개의 경제 용어를 알게 된다. 단어의 뜻을 숙지하면서 1년만 경제신문을 읽게 되면 어떻게 될까? 당연히 신문 읽는 속도도 빨라지고 보이지 않던 흐름도 잡아내어 해석하게 될 것이다. 딱 1년이다. 1년만 경제신문 기사로 공부해보자. 경제 지식을 공부하고 익히기에는 종이신문이 최고이다. 1년 정도 종이신문을 꼼꼼히 읽다 보면 나만의 기준이 생기고 나의 지식으로 쌓이게 되고, 나의 기준에서 경제 흐름이 보일 것이다.

경제 공부는 쌓아가는 것이다. 습관은 횟수가 누적될수록 그 힘이 강해진다. 기사는 매일 조금씩 읽어가면서 양을 늘려간다. 여기서 중요한 것은 매일 보는 것이다. 더불어 기사를 읽고 나만의 생각 정리가 필요하다. 정리할 때 잘 모르겠다면 경제 용어를 중심으로 먼저 공부를 시작한다. 노트에 기록해도 좋지만, 누적해서 쌓이는 것이 보이는 블로그 글쓰기를 활용하는 것을 적극적으로 추천한다.

부자 습관 만들기 5단계는 매일같이 경제신문을 읽고 경제단어 공부하고 기록하는 것이다.

습관은 쌓일수록 힘이 강해진다.

6

건강해야 돈도 벌 수 있다

건강해야 돈도 벌 수 있다. 몸이 건강해야 정신도 건강해진다. 정신이 건강해야 공부도 하고 새로운 것을 시도하고 싶은 동기부여도 갖게 된다. 동기부여를 갖고 사회생활을 부지런히 해야 돈이 벌린다. 돈을 버는 방법으로 사업과 투자가 있다고 했다. 주변에는 젊은 나이에 부동산 투자를 해놓고 몇 개월 만에 병으로 이 세상을 떠난 친구가 있었다. 60대가 넘어 뒤늦게 투자를 시작했는데 건강이 악화하여 쉬고 있는 분도 계시다. 건강의 악화로 지속해서 활동할 수 없음은 돈뿐만 아니라 모든 것을 잃어버리게 된다. 노후를 건강하게 잘 살기 위해서는 미리미리 건강을 챙겨야 한다.

엄마는 80세가 넘으셨다. 몸무게는 63kg, 키는 158cm, 몸매는 D라인! 엄마들의 전형적인 체형인 배 주변으로 살이 가득하다. 그래서 옆에서 보면 배가 볼록 튀어나온 D라인 형태를 보인다. 내가 엄마 배를 만지며, "이 뱃속에서 우리가 삼 남매가 나와서 이렇게 배가 불렀나?"라고 말하며 '난 엄마처럼은 안될 거야.'라고 생각한다. 엄마는 내 마음을 읽으신 듯 의미심장하게 웃으시며 "너는 안 그럴 거 같지?"라고 말씀하시곤 했었다. 엄마는 아침저녁으로 먹는 약이 한 봉지다. 나이가 들수록 약 한 알씩 늘어나는 것 같다. 병원에서는 "어머니, 살을 좀 더 빼셔야 해요. 그래야 무릎에 충격이 덜 갑니다."라고 한다.

엄마는 운동을 참 열심히 하신다.

젊었을 때는 산악회에 가입해 등산을 많이 하셨는데 다리를 한번 다치고 나서는 수영장에서 하는 '아쿠아로빅'을 지인들과 몇 년째 해오고 계신다. 코로나로 잠시 멈추긴 했지만, 수영장 개방이 다시 되면서 물속에서 걷기를 시작하셨다. 물속에서 걷기는 허리와 무릎에 부담 없고, 전신 근력 운동에도 도움이 된다. 친구분들과 운동 후 함께하는 식사와 차 한 잔으로 하는 친목은 생활의 활력이 된다며 가능하면 매일 가려고 하신다. 덕분에 다리 근육이 있어서 그나마 걸어 다닐 수 있다고 의사 선생님은 엄마를 칭찬해준다.

나이는 숫자, 건강도 숫자! 인정해야 한다

나이가 들수록 몸매는 달라진다. 나이가 들수록 건강과 친구 관계가 참 중요해진다. 나이가 들수록 호르몬의 변화로 남성은 여성화되고 여성은 더욱 씩씩해진다고 했던가? 의학적인 소견을 떠나 나이가 들수록 아빠는 엄마에게 의지하려 하며 집에 있는 시간이 많아지고, 엄마는 오히려 밖으로 나가 활동하려고 하신다.

"여보, 곰국 끓여 났어."라는 문장이 갑자기 떠오른다.

부모님의 삶이 무의식적으로 나의 삶에도 영향을 준다. 모든 교육의 시작은 가정이다.

돈에 대한 경제 관념, 먹는 식습관으로 인한 건강관리, 사회에서 지켜야 할 배려와 질서, 부모님과 스승에게 갖춰야 할 예의와 도덕도 모두 부모님의 영향을 제일 먼저 받는다. 내가 20대와 30대에는 부모님의 삶과는 다르게 내가 원하는 대로 살 수 있을 거로 생각했다. 하지만 그 모든 것은 순리에 따른다는 것을 알게 해주는 것이 바로 부모님처럼 바뀌는 외형의 변화이다.

그동안은 코로나 핑계를 대며 활동량이 줄어 더욱 늘어난 몸무게를 보며 한숨 쉬기도 하고 다이어트를 하다 말기를 반복하고 있다. 그러던 어느 날, 남편이 '나, 어깨가 이상해.', '치아가 이상해.', '발목이 이상해.'를 차례대로 얘기하더니 종합병원의 신세를 지게 되었다. 한 달 동안 병원에 다니며 치료하는 남편 자신도 놀랐고, 이제 내 차례인가 싶어 긴장하게 되었다.

"자기야, 이제 우리는 적극적인 관리가 필요할 때인 것 같아."

나이가 들면서 몸도 하나씩 고장이 나기 시작한다. 이것은 운동과 영양제 등으로 시기를 늦출 수는 있지만, 몸의 기능이 쇠퇴하는 것은 수순이다. 결국, 나이가 들면 지금의 부모님처럼 변할 수 있다는 것을 당연히 받아들여야 한다. 그것도 내 노력이 있어야 그 시기를 늦출 수 있는 것이다. 건강을 위해 운동도 루틴이 필요하다고 생각했다. 운동을 매일 하면서 습관화하기 위한 시스템을 만들어야 했다.

그래도 1년 동안 운동이 습관으로 자리 잡은 것은 매일 걷기 30분과 매주 3회 필라테스 근력 운동이다. 여기에 덧붙여 이젠 식단 관리를 시작한다. 겉모습뿐만 아니라 질병 관리를 위해서도 필수적인 요소이다.

건강한 식단이나 체중 관리는 시중에 많은 알려진 방법 중 자신의 체질과 생활방식에 맞게 적용한다.

건강 습관을 위한 3가지 제안! 꼭 해보자

건강한 습관 만들기를 위해 내가 경험해 본 것 중 효과가 좋은 것을 우선으로 추천한다. 이 외에도 자신만의 건강 습관을 챙겨보자.

첫째는 '걷기'다

하루 중 30분~1시간, 시간을 내서 걷기를 한다. 가능하면 하루 1만 보 이상 걷기를 추천한다. 만약 살을 더 빼고 싶다면 2만 보까지 걷고 운동 효과를 더 내려면 오르막길을 걷는 것을 추천한다. 내 경우는 추운 겨울을 제외하고는 새벽 걷기를 한다. 새벽에 걷는 것은 육체적, 정신적으로 모두 좋은 영향을 주기에 적극적으로 추천한다. 특히 새벽 걷기는 명상 효과가 있다. 눈 뜨자마자 정신이 몽롱한 상태로 나가 무의식 속에 걷다 보면 머릿속이 비워지고, 차츰차츰 맑아지기 시작한다. 이것은 새벽에 일어나자마자 무의식 상태에서 쓰는 '모닝 일기'와 비슷한 효과를 준다.

둘째는 '공복 12시간'을 유지한다.

얼마 전 병원에 갔을 때, 의사 선생님께 이렇게 질문했다.

"선생님, 나이가 들면서 계속해서 살이 쪄요. 운동한다고 하는데 별로 효과가 없어요."

당시 의사 선생님은 체중이 늘어나는 것을 방지하는 가장 좋은 방법으로 음식량을 줄이는 것밖에 없다고 말씀해주셨다. 건강을 유지하려면 적게 먹어야 하고 유산소와 근력 운동도 꾸준히 해야 한다고 말이다. 특히 잠자리에 들기 전에는 가능하면 먹지 말라고 하셨다. 잠들기 전에는 공복을 유지하는 것이 건강에도 좋다는 것은 익히 알고 있었는데 이것을 습관화하기는 사실 어려웠다. 그래서 야심 차게 시작한 것이 저녁 식사는 최대한 일찍 먹되, 가족들의 저녁 식사 시간이 있으니 8시 전에 먹고 잠들기 전까지 공복을 유지하고, 다음 날 아침 8시까지는 공복을 유지하기로 했다.

만약 저녁 7시에 먹으면 아침 7시까지로 정해도 좋다. 이렇게 정한 규칙을 지키려고 하니, 저녁 8시 이후 야식은 일부러 피하거나 의지를 갖고 먹지 않게 되고, 12시간 공복으로 몸이 한결 가벼워진 기분이 든다. 뱃속에서 꼬르륵~ 소리 나는 것을 즐기는 사람이 되어가고 있다.

또 한 가지 새벽에 빈속에 마시는 커피 대신 카페인이 없는 따뜻한 차를 마신다. 모닝커피는 기상하고 책상에 앉아 책 읽기 위한 하나의 루틴이었는데, 공복에 커피는 몸에 좋을 리가 없다는 생각에 몇십 년의 습관을 바꾸었다. 이렇게 저녁 식사 시간 이후 음식 먹는 것을 절제하니, 아침에 일어나도 얼굴의 부기도 덜하고 한결 몸이 가벼워진 기분이다.

셋째는 '평생 취미'로 즐길 수 있는 운동 습관을 만든다.

이것은 굉장히 중요하다. 운동을 취미로 하게 되면 일거양득이다. 즐겁게 운동할 수 있으니 말이다. 최근에는 골프가 유행처럼 퍼져서 20대에서 60대까지 다양한 연령층이 골프를 즐긴다. 테니스, 배드민턴, 헬스 등 어떤 것이어도 좋다. 나의 경우, 필라테스를 1년 이상 1주 2회 ~3회 지속해오고 있다.

내가 필라테스를 이렇게 즐길 줄은 몰랐다. 작은딸의 권유로 함께 시작하게 되었는데 스트레칭도 되면서 온몸의 뼈를 늘려주고 자세를 잡아준다. 노후가 되면 함께 찾아오는 목, 허리 디스크 관리도 함께 할 수 있어 좋다. 돈을 내고 레슨을 받으니 돈이 아까워 빠지지 않아 좋다. 꾸준히 운동하는 방법으로 돈 주고 배우는 것을 적극적으로 추천한다. 그리고 한 달에 1~2회 남편과 산행을 한다. 등산도 하나의 취미 생활로 즐기고 있다.

건강하게 사업하고 투자하며 돈도 많이 벌려면 당장 우선해야 할 것이 건강관리다. 부자 습관 6단계는 즐거운 운동이 습관이 되도록 환경을 만들자. 그 환경으로 돈 주고 배우는 것과 함께 운동할 동료를 만들어 꾸준히 이어가자.

운동하는 습관은 부자 습관의 기본 중의 기본이다.

7

하루하루를 감사하자

'짤랑짤랑 최르륵~ 오늘도 기대되는 하루가 시작되었습니다. 원하는 모든 것이 이루어졌습니다. 감사합니다, 사랑합니다.'

매일 아침 독서 모임 단톡방에서 서로에게 인사하는 문장이다. 함께 독서를 하면서 보고 깨달은 것 중 하나씩 적용하고 있는 모임! 이 모임에서는 안 되는 것이 없다. 무엇이든 실행으로 옮기면서 어색함을 날려버린다. 이미 이루어진 것처럼 말하고 '감사합니다.'를 외치면 정말 감사한 마음이 든다. 책을 읽고 적용점을 찾아 다 같이 감사일기 쓰기에 도전해보자고 했다.

감사일기를 쓰면 뭐가 달라질까

사실 '감사합니다.'라는 말은 많이 쓰는 단어이다. 특히 사람들은 어떤 일에 대한 대가나 도움을 받을 때, 자동으로 하는 말이 '감사합니다.'이다. 진정 감사의 마음으로 말할 때도 있지만, 반사적으로 나오는 단어이기도 하다. '감사합니다.'라고 말한다고 해서 큰 에너지나 파장이 느껴지지는 않았었다. 하지만 '감사일기'를 쓰는 것은 또 다른 행위이니 '감사일기'를 해야 할 투두 리스트에 넣었다. '

'감사일기'를 습관화하면 어떤 일이 일어날지 궁금해졌다.

오늘 하루 시작할 때나 마무리할 때 나와 내 주변 사람과 사물에 감사함을 말하고 내가 살아 있음에, 오늘도 무사히 마무리함을 감사일기에 적는다는 것이 얼마나 큰 영향을 주는지 실험하고 싶었다. 만약 감사 메모나 감사일기를 통해 마음에서 일어나는 감정의 평온을 가질 수 있고 현재의 풍요에 감사함으로써 욕심을 덜어낼 수 있다면 이 또한 나의 좋은 습관으로 만들고 싶었다. 그렇게 생각하고 감사일기를 쓰기 시작했다. 처음에는 '감사합니다' 한 단어만 썼다면 갈수록 문장이 길어지기 시작했다. 감사일기에 하루 5가지를 적고자 했을 때 처음 쓴 내용이다.

- 새벽에 책을 꾸준히 읽고 있어 감사합니다.
- 책을 읽고 영상을 만들어 나눌 수 있어 감사합니다.
- 아침마다 '감사합니다, 사랑합니다, 짤랑짤랑'이라고 인사하는 친구들이 있어 감사합니다.
- 사랑한다고 말해주는 남편이 있어 감사합니다.
- 사랑한다고 말해줄 수 있는 가족이 있어 감사합니다.

매일 보는 가족에게 '감사합니다.'라고 쓰는 것이 왠지 쑥스러웠다.

몸이 오글거리는 기분이 들었다. 하지만 매일 반복해서 쓰다 보니 그런 마음은 사라지고, 오히려 함께해주는 가족이 있어 정말 감사하다는 생각이 들었다. 매일 반복해서 말하니 오늘 계획된 모든 일이 이루어진 것처럼 충만해졌다.

'감사합니다.'를 반복해서 말하는 것을 SNS에 올리고 싶어졌다. 그래서 블로그에 감사일기 5개를 쓰다가 10개로 늘려서 쓰기도 했다. 인스타에는 메모하고 나서 마무리는 해시태그로 '감사합니다, 사랑합니다, 행복합니다.' 세 개의 키워드로 마무리하기 시작했다.

책을 읽고 단톡방에서 아침 인사로 '짤랑짤랑~, 감사합니다, 사랑합니다.'라고 쓰며 감사의 마음으로 하루를 시작하고, SNS에 감사합니다를 기록하고 잠들기 전 감사일기를 쓰기 시작했다.

반복해서 가장 많이 등장하는 인물은 역시 가족이었다. 특히 남편에 대한 감사 한 줄과 무사히 출근하고 귀가하는 아이들에 대한 감사, 그리고 건강하게 늘 곁에 계셔주신 부모님에 대한 감사, 또한 늘 에너지를 주고받는 사회에서 만난 동생들이 등장한다. 아울러 곁에 놓여 있는 사물과 매일 달라지는 날씨에도 감사함을 표현했다. 감사의 대상도 가족뿐만 아니라 사회와 자연의 현상에도 모두 감사하게 되는 마음…….

감사한 일이 처음에는 5개도 억지로 짜내듯이 썼다면 지금은 하루 10개 이상은 술술 나온다.

감사함이 나에게로 집중되기 시작했다

감사일기를 쓰기 시작하고 처음 한 달이 되어가니 내 안에 작은 변화가 생겼다. 다른 사람에 대한 감사한 마음이 '나'에게로 집중되기 시작했다.

- 오늘도 눈을 뜰 수 있어서 감사합니다.
- 오늘도 숨을 쉴 수 있어 감사합니다.
- 오늘도 커피 한잔 마실 수 있어 감사합니다.
- 오늘도 내 목소리를 내가 다시 듣게 되어 감사합니다.
- 오늘도 나 자신을 챙길 수 있는 마음이어서 감사합니다.

매일 아침 눈이 떠짐에도 감사하게 되는 이것은 과연 무엇일까? 나를 비롯하여 내 주위에서 일어나는 일과 현상에 모두 감사하고 있었다. 사소한 불평조차도 감사한 마음으로 바꿔가며, '감사합니다.'로 가득 채워가고 있었다. 어느 날은 가족 단톡방에 딸들에게 감사의 말을 전했다.

- 우리 가족이 단톡방에서 매일 대화를 할 수 있어서 감사합니다.
- 사랑하는 두 딸과 소소한 대화를 나눌 수 있어서 감사합니다.
- 사랑하는 두 딸이 건강하게 사회생활을 하고 있어서 감사합니다.
- 사랑하는 두 딸에게 매일 아침 '잘 다녀와.'라고 말할 수 있어서 감사합니다.
- 사랑하는 두 딸의 엄마여서 감사합니다.

갑작스럽게 이런 몇 줄의 감사문장을 표현하자, 두 딸도 피식피식 웃는, 수줍은 이모티콘을 보내며 사랑한다고 말해준다. 특히 부모님께 '고맙습니다, 사랑합니다!'라는 말로 자주 표현하기 시작했다. 전화를 걸어 안부를 묻고 나서 '엄마, 사랑해.'라고 말하면 엄마도 '나도 우리 딸,

사랑해.'라고 말해준다. 아빠에게는 엄마보다 조금 어색하지만 '아빠, 사랑해요'.라고 말하면 아빠는 '고맙다.'라고 말해주신다. 아빠도 나이 50이 넘은 다 큰 딸의 사랑한다는 표현이 조금 어색했지만 좋으셨던 게다.

난 문득 가족에게 '감사합니다, 고맙습니다, 사랑합니다.'라는 이 세 단어로 표현하는 법을 배워가고 있다는 것을 알았다. 마음속에만 담아 두지 말고 오히려 소홀히 내했던 가족들에게 가장 먼저 감사하고 고맙다는 표현을 글로 말로 하며 시간을 보내니 어느덧 가족에게도 자연스럽게 말하고 있다.

감사할 일들이 많아졌다

하루를 '감사합니다.'로 시작하고 '감사합니다.'로 마무리하자, 감사할 일들이 매일 더 생기고 있다. 그리고 일도 술술 잘 풀려나간다. '감사합니다.'의 위력을 경험하면서 나는 내가 목표로 하는 일이 이루어진 것을 생각하며 '감사합니다.'를 외치고 있다. 미래의 일은 아직 결과를 알 수 없으므로, 미래의 목표를 크게 키우는 것은 내 마음이다. 목표를 크게 잡을수록 나의 감사한 마음은 더 커져간다.

내게는 짧게는 한 달, 단기적으로 1년, 장기적으로 5년과 10년 이내에 이루고 싶은 목표가 있다. 예전에는 목표를 세우면 '이걸 다 할 수 있을까?'라는 부정적인 마음이 한편에 자리하고 있었다면, '목표가 다 이루어짐에 감사합니다.'라고 쓰고 외치면서 못 할 거라는 부정적인 마음을 밀어내고 목표는 다 이룰 수 있으리라는 긍정적인 마음이 차지하기 시작했다.

그래서 목표를 생각할수록 기분이 너무 좋고 흥분되기 시작한다. 이런 흥분되는 마음이 주는 에너지는 나를 매일 움직이게 한다. 하루의 루틴은 반복되는 작은 일상이지만, 내가 무엇을 반복적으로 해야 목표까지 갈 수 있는지 로드맵을 그리고 있으므로 오늘 하루에 감사하게 된다.

책을 읽고 감사일기를 쓰기 시작하고 감사한 마음이 쌓이기 시작하니, 하루하루가 축복이고 감사한 일로 가득 채워졌다. '감사합니다.'라고 말하는 지금 순간이 내겐 선물이다. 매일매일, 감사한 마음으로 하루를 시작하고 감사한 마음으로 하루를 마감하면 내가 살아가는 모든 날이 감사한 일로 가득하겠구나 하는 믿음이 생기기 시작했다.

부자 습관 만들기 7단계는 모든 것에 감사하는 마음을 갖는 것이다. 감사함으로 바라보는 시선은 과정은 어떻든 결국 긍정적으로 받아들이는 엄청난 힘을 갖는다.

모든 말의 끝에는 '감사합니다.'를 외쳐보자.

8

습관은
계속 이어가야 하는 것

부자 습관을 만든다는 것은 도전하는 사람이 되는 것이다. 통찰이나 깨달음은 아무도 가르쳐주지 않는다. 스스로 경험을 통해 깨우치고 개발하면서 얻어지는 것이다. 진정으로 사업이나 투자로 돈을 벌고 싶다면 도전하는 사람이 되어야 한다. 부자 습관 7단계를 읽어보아서 알겠지만, 습관이 굉장히 소박하다. 이런 작은 습관이 성공의 길로 갈 수 있느냐며 의문을 가질 수도 있다. 그럼 일단 시작해보자.

습관 만들기에 집중하기 시작한 것은 자기 계발 책에 푹 빠지면서다. 동기부여를 주는 자기 계발 책을 읽을수록 좋은 습관을 내 몸에 장착하고 싶다는 욕구가 강하게 들었다. 하지만 기존의 습관을 바꾸는 것은 단순하게 마음먹는다고 되는 게 아니었다. 반복해서 규칙적으로 해야했다. 매일 운동해서 근육을 늘리듯, 변화가 눈에 보일 때까지 간절한 마음으로 해야 한다.

성공의 기준은 사람마다 다르지만, 꾸준히 계속하면 스스로 목표한 바를 이루게 되고, 그럼 인정을 받고 금전적인 보상이 돌아오기 시작한다. 이때 조심해야 할 것이 있다. 그동안 바짝 정신 차리고 달려온 스스로를 위로하며 달려왔던 속도를 늦추게 되는 경우다.

안식년에 배운 성공 마인드

나 또한 잠시 멈춰서 시간의 여유를 갖고 싶다는 강한 마음으로 2022년 안식년을 갖게 되었다. 자영업 생활 10년과 부동산 경매 투자로 이어진 10년 중 3년의 중복된 세월을 빼면 17년을 정말 정신없이 달려왔던 것 같다. 정신력이 육체적인 노동보다 한 수 위라는 것을 절실하게 깨우치며, 절실한 마음과 정신력으로 무장하면 자신의 한계치를 넘는 것이 가능하다는 것을 알게 되면서, 성공이란 것은 마음먹기에 달렸다고 생각했고, 마음만 먹으면 다 할 수 있다는 자신감이 넘치기 시작했다. 어느 순간 내 입에서 '목표를 세우고 성공할 때까지 이어가면 돼요.'라는 문장이 술술 나왔다.

한데 안식년을 가지며 성공한 사람들의 마인드를 배워가면서 내가 더 큰 성공을 이루지 못하는 이유를 알게 되었다. 뼈 때리는 한 문장은 '성공은 한 번이 아니라 계속 이어가야 한다.'였다. 한 번 성공했다고 우쭐할 때가 아니라는 것이다. 자신감이 자만심으로 바뀌어 노력을 과거로 보내지 말라는 강한 메시지에 난 정말 크게 한 대 뒤통수를 얻어맞은 것 같았다.

맞다. 분명 20대부터 10년 단위로 다른 길로 갈아타면서 항상 새롭게 시작하곤 했다. 그러다 보니 성공이란 시점이 오면 멈추고, 다시 시작하는 삶이 약 30년째 이어오고 있었다. 계속 다른 우물을 찾아 기웃기웃하며 밑바닥부터 다시 시작했었는데, 성공은 그렇게 되는 것이 아니었다. 잔디밭에 잡초가 무성할 때 잔디를 한 번 깎았다고 성공이라고 말하지 않는다. 잔디밭의 잡초를 계속 깎으며 계속 유지를 해야 성공이라고 말한다고 했다.

'너, 지금 이럴 때가 아니야. 그동안 형성된 습관을 없애지 마.'라고 했던 것은 습관 또한 계속 쌓아 가면서 '루틴'을 만드는 것이 꾸준함의 비결이라는 것.

나의 한계를 짓지 않는 것, 횟수에도 한계가 없다는 것, 내가 포기하지 않으면 실패란 것도 없고 불가능도 없다는 것을 장착해야 한다. 성공의 시작은 '행동'하는 것이다.

오늘 가볍게 산책한 이후, 집에 돌아와 힘이 빠진 몸을 일으키기 위해 미온수를 한잔 벌컥벌컥 마셨다. 아침 8시까지는 공백을 유지해야 하므로, 허기는 물 마시는 것으로 대체했다. 몸에 에너지 충전이 우선되어야 의욕도 일어나고 행동으로 이어지기 때문이다. 지금 시작하는 것은 새롭게 시작하는 것이 아니다. 나의 출발점은 새로운 것의 처음이 아니라, 지금의 자신감이 출발점이 될 것이다. 과거의 성공을 발전시켜 계속 이어가는 방법을 선택하려고 한다. 성공을 계속해서 꾸준히 이어가는 것! 성공의 횟수를 계속 늘려야 한다.

습관 만들기는 변명이 없어야 한다

부자 습관 7단계는 매일매일 습관을 쌓아가는 작업을 하는 것이다.

미래 청사진 그리기 ⇨ 핸드폰 보는 시간에 책 읽기 ⇨ 긍정적인 믿음 갖기 ⇨ 매일 기록하기 ⇨ 경제신문 보기 ⇨ 취미와 건강 두 마리 토끼 잡기 ⇨ 모든 일에 감사하기

굉장히 소박해 보이는 부자 습관 만들기 7단계는 쉬워 보인다. 하지만 막상 시작하고 3일 차가 되면 뭔가 하나씩 놓치게 될 것이다. 그리고 분명 시간이 없어서라고 변명을 할 것이다. 실패가 습관이 되었기 때문이다. 실패해도 '다시 시작하면 되지.'라고 말하겠지만, 장담하건대 앞으로도 계속 실패하게 될 것이다.

습관 만들기는 의지가 있어야 하고 변명은 없어야 한다. 습관화할 때는 한 달과 100일 단위까지 성공하면 계속 이어갈 수 있다. 이렇게 말이다.

- '1주일만 해보자.'
- '그래, 여기까지 왔으니 3주만 해보자.'
- '이제 거의 다 왔어, 한 달을 채우자.'

이렇게 해서 한 달을 채우고 나면

- 3개월을 목표로 다시 카운트에 들어간다.
- 3개월이 되면 10일 정도가 부족한 100일이 된다.

•'그래, 여기까지 왔으니 100일을 채워보자.' 하고 100일까지 습관을 이어간다.

100일까지 지속해서 하면 어느 정도 습관으로 몸에 배기 시작해서 처음 했을 때보다 힘들지도 않고 자연스러워진다. 이 방법으로 하나의 습관이 100일을 채우면 또 다른 습관으로 100일 미션을 도전해보라. 이런 방식으로 하면 1년에 4개의 습관은 무난하게 이어갈 수 있다. 부자 습관 7단계도 차근차근 적용해보자. 1단계에서 3단계까지는 순서대로 하나로 묶어서 적용하고, 4단계에서 7단계는 기록하기와 연관된 내용이라 순서는 바뀌어도 상관없다.

내가 해오고 있는 방식인데 효과가 아주 좋다. 꼭 따라 해보길 바란다.

[부자 습관 7단계, 10년 청사진 그리기]

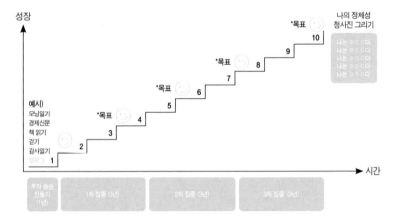

2장

40대, 평범한 근로자로 산다는 것은

1

순리대로 사는 것은 단순하다

순리대로 살면 마음이 편하고 여유롭고 행복하다.

의식주만 해결되면 크게 문제 되지도 않는다. 편안하게 웃으며 살아갈 수 있다. 내 어린 시절, 가정환경이 풍요롭지는 않았지만, 삼시세끼 밥을 먹고 학교에 가서 공부하고, 밖에 나가 뛰어놀고 저녁에는 잠자고 반복되는 생활이었지만 웃음이 끊이질 않았다.

내가 아이들을 키울 때를 생각해보면, 아기는 배고프면 울고, 밥 주면 웃고, 배 아프면 또 운다. 기저귀를 갈아주고 새 옷을 입혀주면 좋아라 한껏 웃는다. 조금 커서 밖에 나가 뛰어놀다 집에 들어오면 반갑게 맞아주고 밥을 챙겨주면 한없이 웃는다. 밤에 칭얼대다가도 옆에서 토닥토닥 두들겨 주면 금세 꿈속으로 향하며 잠자면서도 배시시 웃는다. 성년이 되기 전까지는 부모의 보살핌 아래, 의식주가 해결되니 성적 빼고는 큰 걱정이 없다. 그저 먹고, 놀고, 공부하고, 자고 이 단순한 생활을 즐기면 된다.

성년이 되어 사회로 나가 부모의 그늘에서 벗어나는 순간, 그저 단순하게 생활했던 의식주가 모두 내가 돈을 벌어야 할 수 있는 일로 바뀐다. 돈을 벌어야 가능해지는 것이 된다. 당연하게 여기며 생활했던 일상이 당연하지 않게 되는 것! 그때서야 알게 된다. 부모님의 그늘이 좋았구나. 그리고 한 가지 더 충격적인 사실을 알게 된다. 우리 집의 재정 상태를!

내가 돈을 어떻게 얼마나 버느냐에 따라서 의식주 환경이 달라진다는 것을 알게 된다. 내가 어릴 적, 나는 화장실이 집 밖에 있는 집에 살았을 때 친구는 화장실이 집 안에 있는 집에 살 수 있었는지, 우리 엄마는 새벽에 나가 일하시는데 친구 엄마는 집에서 여유롭게 살림만 할 수 있었는지, 나는 가정형편이 어려워 고등학교 졸업하고 사회에 나가 돈을 벌어야 했는데, 친구는 대학교에 진학해서 공부를 이어갈 수 있었는지, 그 이유를 차츰 알게 된다. 이것이 부모님의 능력이었다는 것을!

그래서 생각한다. 부모님의 보살핌으로 성장해왔지만, 나는 조금 다르게 살아야겠다. 돈을 많이 벌어서 화장실이 두 개 있는 큰 집에서 살아야겠다. 내 아이는 돈 걱정 없이 공부할 수 있는 환경을 만들어야겠다. 사고 싶은 것을 여유롭게 살 수 있게 돈을 모아야겠다. 나는 돈을 많이 벌어야겠다.

하지만 부모님의 가정형편이 힘들 수밖에 없었듯이, 시간이 지나면서 내가 만나는 사회에서도 크게 다르지 않음을 알게 된다. 취직하기도 어렵고, 취직해도 승진하기 어렵고, 승진해도 언제 퇴사할지 몰라 걱정을 한다. 부모님이 살아온 순리대로 나도 사회에서 요구하는 사회의 일원으로 살아가며 평범한 소시민이 된다.

우리가 사는 보통의 삶이다. 우리 집의 가훈은 '사회에서 필요로 하는 사람이 돼라'였다. 사회에서 요구하는 대로 소시민으로 사는 것이 순리대로 사는 것이었다.

시간이 지나면서 아무리 성실하게 노력해도 삶이 바뀌지 않음을 알게 되고, 빈부의 격차가 벌어지는 것을 보며 왜 그런지 이유를 공부하고 돌파구를 찾게 된다.

'나도 성공할 수 있을까?', '어떻게 하면 성공할 수 있지?', '어떻게 하면 돈을 지금보다 더 많이 벌 수 있지?' 하는 질문이 많아지기 시작한다. 지금까지 한 번도 생각해보지 못한 일, 나와는 상관없다고 생각했던 일을 하고 싶어진다. 남들이 성공하는 것을 보니 나도 성공의 대열에 올라가고 싶어진다. 돈을 많이 벌고 싶고 성공이란 것이 하고 싶어진다.

'나는 어떤 순리로 살아왔나?', '성공한 사람들이 살아온 순리는 무엇일까?', '나와 다른 것은 무엇인가?', '나도 다른 선택을 할 수 있는가?'

지금과 다른 삶을 모색하고 도전을 하게 된다. 이것도 용기 있는 사람만이 시도한다. 겁이 많은 사람들은 꿈만 꾸고 실천하지 못한다. 한 발짝도 떼지 못한다. 여기서 두 갈래의 길로 나눠진다는 것을 실천하기 전에는 전혀 알지 못한다.

순리대로 살게 되는 3가지 이유

첫째, 미리 준비하지 못한다.

문제는 깨닫게 되는 시기가 실패를 몇 번 경험하고 난 후라는 점이다. 다른 사람들이 돈 많이 벌고, 성공하는 것을 내 눈으로 직접 본 후라는 점이다. 나의 경우 40대 후반이었다. 정확히 47세! 그때부터 다른 길로 가기 위해 다시 발을 내디뎠다. 그때 뼈저리게 후회한 것이 있다.

둘째, 돈 공부를 별도로 하지 않는다

조금 일찍 자본시장이 무엇인가 생각해 볼 걸, 조금 일찍 돈 공부를 해볼 걸, 조금 일찍 부동산 공부를 할 걸, 그동안 사회의 일원으로 살아온 시간은 아주 순리대로 살아왔는데, 부의 차이는 바로 자본시장에 관한 공부가 부족했다는 것을 알게 된다. 부모에게서 배운 대로, 학교에서 배운 대로 순리대로 살아가면 된다. 하지만 부모님과 학교에서 알려주지 않는 자본시장과 돈 공부는 별도로 해야 한다는 것을 뒤늦게 알았다.

셋째, 부모님의 습관을 그대로 답습한다.

20년 동안 성장하면서 배운 부모님의 생활방식대로 살면 부모님처럼 살아가게 된다. 부모님의 습관은 자녀에게 그대로 세습된다. 돈을 기준으로 본다면 부자의 습관과 빈자의 습관을 그대로 답습하게 된다. 만약 좀 다르게 살아보고 싶다면 바로 습관을 바꾸면 된다. 부자의 습관을 스스로 만들어야 한다.

순리대로 사는 것이 가장 행복하고 단순하게 사는 거다. 그 순리에 돈 공부만 추가로 하면 금상첨화다. 앞으로의 모습을 그 누구의 탓이 아닌 내 탓으로 만드는 방법, 순리를 역행하는 방법을 하나씩 알아보려고 한다. 그동안 순리대로 잘 살았다.

2

준비되지 않은 퇴사는
분명히 찾아온다

맞벌이 부부!

지금은 맞벌이가 당연해 보이지만, 30년 전만 해도 결혼하면 여자는 다니던 직장을 그만두는 것이 사회적인 분위기였고, 특히 대기업에 다니던 친구들은 결혼과 동시에 회사를 그만두었다. 다행히도 내가 다니던 회사는 중소기업이었는데, 당시 대표님은 "왜 여자는 결혼하면 일을 그만둬야 한다고 생각하는가? 계속 나와서 일하면 좋겠다."라고 오히려 강하게 말하며, 결혼하고 직장에 계속 출근할 것을 독려했다.

우리 부부는 '내 집 장만'이라는 목표가 있었기에 결혼하고 직장생활을 첫 아이 낳기 전까지 계속하기로 하고 맞벌이 직장생활을 시작했다. 경제적인 부분을 남편이 혼자 짊어지고 가는 것도 안쓰럽다는 생각이 들었으니, 어찌 보면 나도 일하는 여성에 대한 갈망이 있었던 것 같다. 남편 혼자보다는 부부가 함께 일하고 돈을 모으는 이유는 우리 둘의 경제적인 목표가 있었기에 결혼 전부터 맞벌이는 우리 부부 사이에 무언의 약속이었다. 그래서 결혼해도 사회생활은 당연하다고 여겼던 것 같다. 한편으론 친구들이 직장 그만두고 쉬는 것을 보면 부럽기도 했지만 말이다.

맞벌이 부부 생활로 얻은 3가지

첫째, 나만의 커리어를 쌓을 수 있다.

직장에서 일하는 재미가 한참 붙었던 시기라, 결혼한다고 해서 직장을 그만두고 싶지 않았다. 부지런하고 성실한 성격으로 일의 속도가 빨라 상사들이 좋아했다. 덕분에 승진도 빨랐고 어느 순간 급여가 평균보다 높아지기 시작했다.

둘째, 저축으로 내 집 장만을 앞당길 수 있다.

남편의 월급으로는 생활비로 쓰고 내가 번 돈은 전액 저축했다. 첫 아이 낳기 전까지 내 집을 꼭 마련해서 자녀는 남의 집이 아닌 내 집에서 키우고 싶었다. 하지만 목표는 목표일 뿐 첫아이는 예고 없이 찾아왔다. 결국 첫 아이는 부모님께 맡기고 맞벌이를 이어갔다. 덕분에 돈을 빨리 모을 수 있었고, 내 집 장만을 앞당길 수 있었다. 내 집 장만하고 입주하면서 둘째 아이를 낳고 직장을 그만두었다. 전업주부로 전환된 건 결혼 5년 차였다.

셋째, 출퇴근하면서 연인처럼 데이트할 수 있다.

다가구주택 단칸방에서 전세로 시작한 우리 부부는 거금을 들여 새 자동차를 장만했다. 우리 둘의 첫 번째 소유 물건이었고, 자동차는 한

쪽의 이동식 방이었다. 우리 부부는 출퇴근을 함께 했다. 남편은 평소보다 조금 일찍 출발해서 나를 여의도 회사 앞에 내려주고 강남까지 갔다가 퇴근할 때도 여의도 회사 앞으로 와서 나를 태우고 집으로 왔다. 출퇴근 시 차도 엄청나게 막혀 차 안에서 함께 있는 시간이 많다 보니, 자동차는 우리의 공통된 생활공간이 되었다. 지금도 기억나는 건, 찜통 같은 한여름 밤, 에어컨이 없는 단칸방이 너무 더웠을 때, 우리는 자동차 안에서 에어컨을 켜고 그곳에서 한여름 밤을 보내기도 했다. 그때 우리 둘만의 재산목록 1위가 자동차였으니, 첫 번째 자동차에서의 추억은 많고도 깊다.

맞벌이 부부를 하면서 내 집 장만하고, 아이 둘을 키우는 우리는 이대로 모두 완벽해 보였다. 단지 아쉬운 것은 외벌이로 바뀌면서 돈 씀씀이를 더욱 줄여야 했지만, 그래도 모든 것이 행복했다. 아이들만 건강하게 잘 키우면 될 것 같았다.

그런데 인생이란 것이 계획되는 되는 것이 아니란 것을 알게 되었다. 어느 날, 출근했던 남편이 대문을 열고 들어오면서 고개를 푹 숙인 채로 한참을 서 있더니 말을 꺼냈다.

"나 회사 잘렸어."

그동안 한 번도 생각해보지 못했던 말이었다. 순간 난 아무 생각도, 아무런 대답도 하지 못했다.

'왜 잘렸느냐고 추궁할 수도 없지 않은가?'

그렇게 준비되지 않은 남편의 퇴사를 맞이해야 했다

어떻게 돈을 벌어야 하나

　퇴사 후 남편은 공백 기간에 무조건 쉴 수는 없으니 뭐라도 해야겠다고 결심하고 전혀 해보지 않았던 공부를 시작했다. 바로 부동산 공인중개사 자격증이었다. 공인중개사 자격증이 있으면, 중개사무소를 차릴 수 있었기에 관련 일을 하든 안 하든 노후 일자리 보험을 들어놓은 것처럼 좋았다. 노후에 회사를 그만두었을 때 경제활동이 필요하다면 부동산 중개소를 차리자는 아주 가벼운 생각이었다.

　도전했던 그해, 남편은 아주 가뿐하게 공인중개사 자격증을 땄다. 남들은 몇 년에 걸쳐 준비하는 것을 봐왔기에 남편이 대단해 보였다. 하지만 실제로 부동산 중개소를 차리진 않았다. 단순하게 노후를 위한 보험용이었다. 그대로 자격증 하나 있다는 것이 위안이 되었고, 노후 대안으로 취득한 공인중개사 자격증이 차후 유용하게 쓰일 줄은 몰랐다.

3
새로운 시작이
혹시 자영업일까

"나, 치킨집 운영해 볼래!"

남편에게 말했다.

"치킨을 먹지도 않는 사람이 무슨 치킨집이야?"

남편은 어림도 없는 소리라며 그냥 넘기려고 했다.

"난 육체적인 노동을 해야 한다면, 남 밑에 들어가서 시간제로 일하느니, 내 사업을 하겠어."

나는 아주 강하게 말했다. 누가 들으면 거대한 사업을 시작하는 것처럼 보였을지도 모른다.

직장인이 퇴사하면 누구나 고려하는 자영업!

남편이 퇴사한 후 곧바로 자영업을 생각한 것은 아니었다. 남편은 회사에서 10년 동안 일했던 커리어를 가지고 무역회사를 차렸고, 난 적극적으로 지원했다.

"그렇지, 언제까지 직장 다니며 남의 밑에서 일할 필요는 없지."

나는 그동안 모아두었던 묵직한 통장을 남편에게 넘겨주었다. 하지만 남편의 사업은 뜻대로 풀리지 않았다. 어찌 보면 준비되지 않은 사업이었다. '사업이라는 것을 너무 가볍게 생각했던 것은 아니었나.' 하고 반성도 해보았지만 이미 지나 간 일이었다.

퇴사와 사업실패를 연이어서 겪는 남편을 보며, 이젠 내가 일해야겠다는 생각이 절실해졌고, 내가 할 수 있는 게 무엇인지 찾아보았다. 하지만 10년 가까이 '경력 단절'된 주부가 갈만한 일자리는 많지 않았고, 시급으로 일하는 곳이 많았다. 난 순간, 시급까지 생각해야 한다면 작은 가게라도 내가 직접 운영하는 것이 낫다고 판단했다. 전업주부로 지낸 내가 할 수 있는 것 또한 많지 않다고 생각했다. 하지만 그 전업주부의 생활 경험이 또 다른 커리어가 될 수 있다는 것을 아주 뒤늦게 깨닫게 되었다.

누구나 창업할 수 있는 프랜차이즈

기술이나 영업 노하우가 없이도 쉽게 접근할 수 있는 프랜차이즈, 그 중에서도 치킨집! 나에게 있어 치킨집 창업은 아주 큰 용기였고, 도전이었다. 치킨집 창업! 이것이 나의 시간을 통째로 잡아먹는 '무서운 시간 도둑'이라는 것을 그때는 몰랐다.

치킨집을 운영하는 것은 두 딸의 동의도 필요했다. 가장 예민할 수도 있는 초등학교 2학년, 5학년이었는데, 혹시 아이들이 엄마가 치킨 가게 운영한다고 했을 때, 남들 보기에 창피해하거나, 부모님 뭐 하시니, 했을 때, '치킨집이요.'라고 대답하는 것을 부끄러워한다면 그것은 아이들에게도 오랫동안 트라우마로 남을 수 있었기 때문이다. 그리고 영업시간이 저녁 시간이라, 아이들 돌봄이 소홀해질 수밖에 없는 상황이었다. 남편이 회사 퇴근하고 돌봐주기로 했지만, 분명 아빠의 역할과 엄마의 역할은 다른 부분이 있기 때문이다.

아이들을 데리고, 프랜차이즈 다른 가맹점을 몇 군데 찾아다니며 치킨을 사주며, 아이들에게 이야기했다.

"엄마가 이런 치킨집을 하려고 하는데, 너희들의 동의가 필요해!"

솔직히 아이들이 어찌 알겠는가. 학교 갔다 오면 엄마가 없고, 필요에 따라 자신들이 밥을 챙겨 먹을 수도 있고, 그런 상황을 경험해보지 못해서 엄마가 치킨집을 운영한다는 것이 자신들에게 어떤 영향을 줄지 모를 수밖에 없는데 말이다. 어찌 보면 이렇게 묻는 것도 내 마음 편하려고 하는 것이었다. 그래도 엄마가 일해야 하는 상황을 설명해줘야 한다고 생각했다.

큰딸은 "엄마, 괜찮아. 어차피 나는 학교와 학원에서 거의 있는데 뭐."라고 하고, 작은딸은 "그럼 우리 치킨 매일 먹는 거야?"라고 한다. 작은딸의 대답에 피식 그저 웃음이 나왔다. 그렇게 가족의 동의를 반강제로 얻어, 40세의 나이에 치킨집 사장이 되었다. 그런데 말이 사장이지, 주방장이었다. 모든 조리는 내 손을 거쳐 나갔다. 음식을 잘 만들지도 못하는 내가, 음식 장사를 한다고 했을 때, 친정엄마는 우셨다. 그렇게 험하고 힘든 일을 왜 하겠다고 하냐며, 딸 고생시킨다고 한동안 남편을 미워하셨다. 하지만 우리 부부에겐 변화가 필요했다.

마흔, 아직 살아보지 않은 인생길은 멀다고 생각했기에, '자영업 생활을 해보는 것도 좋다.'라고 긍정적으로 생각했다. '자영업 10년'이면 성공한다는 어디서 주워들은 얘기를 굳게 믿으며 자영업 10년 생활로 들어갔다.

준비되지 않은 초보 사장

역시 쉬운 것은 하나도 없었다. 가장 어려운 것은 조리였다. 당시 나는 치킨을 전혀 먹지 않았었다. 오랫동안 닭 자체를 먹지 않았던 내가, 치킨집을 하겠다는 것부터가 어울리지 않았다. 생닭을 만지는 것부터 시작해서 모든 것이 난관이었다. 조리 실습부터 우여곡절이 시작되었고, 가게를 오픈하고도 끊임없이 해결해야 할 문제가 다가왔다. 치킨집 운영하면서 인생살이에서 굳이 겪지 않아도 되는 상황들을 맞이하고 해결해가며 1년 즈음, 매장이 더 컸으면 좋겠다는 생각이 들었다.

치킨은 배달이라고는 했지만, 사계절을 볼 때 6개월 정도 매출이 1년을 좌우했다. 배달이 힘들 때는 매장이 넓으면 손님도 더 받을 수 있을 거라는 생각에 과감하게 옆에 공실이 된 매장을 인수해 확장했다. 매장이 두 배로 넓어지니 일도 더 많아졌지만, 재미있었다. 아르바이트 직원도 더 뽑고, 특히 5월~9월까지는 매장의 매출이 쑥쑥 올라가니 힘든 것은 뒤로하고 이렇게 계속되면 금방 돈을 많이 벌 수 있을 것 같았다. 하지만 흐름은 항상 좋은 방향으로 흐르지 않는다.

'상권이 변한다는 말'을 그때 처음 들었다. 항아리 상권은 고정적인 수요가 있어서 안정적이라고 들었는데, 치킨집이 우리 주변에 갑자기 늘어나기 시작했다. 한정된 수요에 나눠 먹기가 시작된 것이다. 단골손님이라도 옆에 새로 오픈하는 곳이 생기면 그곳으로 많이 넘어가고, 최대로 잘해준다고 생각했던 단체 손님도 이동하는 것을 보니, 영원한 단골손님은 없다는 것도 알게 되었다.

'아, 이래서 상권이 중요하고 권리금 있는 곳이 중요한 거구나.'

쉬는 날도 거의 없이 가게를 운영하던 어느 날, 그달은 유난히 쉬는 날이 많았다. 그랬더니 매출이 줄고 고정비용은 같으니 수익이 현저히 낮아졌다. 임대인에게 월세를 송금하고 나니 허무해졌다.

'내가 움직이지 않으면 수익도 없구나. 이런 생활을 어떻게 계속하지?'

편하게 월세 받아 가는 임대인

내가 죽어라 일해서 번 돈을 월세로 받아 가는 임대인이 너무 부러웠다. 그때부터 '이 상가는 얼마나 할까?', '만약 내가 상가를 매수한다면 대출은 얼마나 나올까?'를 생각하게 되었고 대출이자와 월세를 비교하니 월세가 오히려 더 높았다. 그때부터 부동산에 관심이 생기기 시작했다. 편안하게 월세를 또박또박 받는 임대인이 되고 싶다고 소망했다.

나는 자영업의 생활을 그만하고 싶어졌다. 노동으로 하는 것은 한계가 있다는 것을 배우면서, '그럼 난 지금 하는 가게를 그만두면 무엇을 해야 할까?' 자문해보았다. 자영업의 수입은 고정적이지 못했고 결과적으로 근로소득보다 못했다. 직장생활은 그래도 주 5일~6일 근무하고, 정시에 퇴근하고 주말에 휴식할 수 있었지만, 자영업은 주 7일 근무하고, 정시 퇴근도 없고, 휴식할 시간도 없었다. 맞다. 난 사업을 한 것이 아니라 끊임없이 노동만 하고 있었다.

또다시 탈출구가 필요했다. 마흔에 자영업으로 치킨집을 선택했을 때도 간절했지만, 이젠 노후까지 할 수 있는 정말 내가 계속할 수 있는 일이 필요했다. 마흔에 아무것도 할 줄 모르면서 선택하는 바보 같은 짓은 반복할 수는 없었다. 이번에는 나에게 맞는지 테스트하는 기간을 두고 싶었다. 만약 자영업을 그만둔다면, 내가 하고 싶은 일은 무엇일까 생각해보았다.

당시, 자영업을 하면서 빼앗긴 시간에 대한 보상을 받고 싶었다. 그리고 세운 기준은 시간상으로 여유가 있는 일, 여행하듯 전국을 다녀볼 수 있는 일, 수입이 창출될 수 있는 일 그리고 내가 재미를 느낄 수 있는 일이었다. 막힘없이 써 내려간 네 가지였다. 이 네 가지 조건을 만족시킬 수 있는 일이 무엇일까 고민하기 시작했다.

그때 생각난 것이 '부동산'이었다.

4

'네.'라고 답하니
기회가 생겼다

똑똑똑, "○○○ 님 계신가요?"

"안녕하세요. 이 집이 법원에 경매로 나와서 찾아왔습니다. 시간이 가능하시다면 몇 가지만 확인 부탁드려도 될까요?."

처음에 어리바리했던 때와는 달리 입찰하면 할수록 나도 능숙해졌다. 아니 능청스러워졌다는 표현이 더 맞는 것 같다. 어디서 이런 용기가 나는 것인지, 말하고 있는 나에게 놀랄 때가 많아졌다. 바로 내가 경매물건의 임장(臨場)을 즐기고 있었기 때문이다.

3년 안에 이뤄야 할 목표가 뚜렷하다 보니, 아마도 꼭 해야 하는 필요성이 나를 움직이게 하는 것 같았다. 솔직히 하루 4시간만 자고 생활한다는 것은 분명 수면 부족이었고, 잘못하면 몸 상태도 안 좋아질 수 있는 상황인데, 어디서 그런 에너지가 넘치는지 피곤하지 않았다. 공부하러 가는 시간과 경매물건 임장하러 가는 시간, 그리고 법원에 입찰하러 가는 시간 모두 약간의 긴장된 상태로 계속해서 이어나갔다. 그러다 보니, 밤에 집에 들어가서 누우면 5분도 안 되어 곯아떨어졌다. 누가 옆에서 흔들어 깨우기 전까지는 세상모르게 깊은 잠을 잘 수 있었다.

초보 경매인, 열정은 최고

경매는 크게 다음과 같은 순서로 준비해야 한다.

경매 정보지에서 경매물건을 검색한 후 나의 투자금에 맞는 물건을 찾으면 권리분석을 한다. 권리분석과 임차인 분석에 문제가 없다면, 네이버 부동산에 들어가 시세를 확인한다. 부동산에 전화해서 싸게 나와 있는 매물이 있는지 확인하고 필요에 따라 집을 볼 수 있도록 예약을 한다. 그다음 경매물건지에 찾아가 실제 살고 있는 소유자나 임차인 등 점유자를 만나서 집 상태를 확인하고 앞으로 이사계획이나 불편한 사항을 물어본다. 현장에서 점유자를 만나고 나면, 수월하게 이사 나갈지 아닐지도 어느 정도 느낌이 온다. 추가로 부동산 주변을 돌아보며, 주변에 학교가 있는지 편의시설 이용은 편한지, 교통은 편리하게 이용할 수 있는지 등 추가로 확인한다.

그리고 전화로 예약을 해놓았던 부동산 중개소를 방문해서 매물을 보고, 추가로 다른 부동산 중개소도 두 군데 이상 찾아가 궁금한 사항을 물어본다.

이렇게 세 군데 정도 방문해서 중개사와 이런저런 얘기를 나누다 보면, 어느 정도 매매, 전세, 월세 손님들에 대한 정보도 얻을 수 있다. 집으로 돌아와서는 현장에 가기 전 조사했던 내용과 현장에 가서 확인한 사실을 종합적으로 정리해보고 입찰가를 산정한다. 입찰가를 산정하는 것이 가장 어렵다. 낙찰받고 싶은 부동산일수록 입찰가를 더 높이고 싶어서 몸이 근질근질하다. 적정한 입찰가를 산정해 놓았음에도 불구하고 단돈 10원이라도 올려보려고 애쓴다. 낙찰은 1만 원, 아니 1원 차이로도 1등과 2등으로 나뉘기 때문이다.

초보 딱지를 떼는 낙찰

내가 낙찰된 부동산 중 2등과 가장 작은 차이는 4,900원 정도였다. 사실 2등과의 차이가 중요한 것은 아니지만, 짜릿했다. 그 이후 이렇게 적은 차이로 낙찰된 사례는 없었다. 너무 욕심을 부려 2등과의 차이가 1천만 원 이상 높았던 적도 있었다.

낙찰받고 나서, '야호.'라는 탄성이 저절로 나올 때도 있었고, '어?'라고 의아해했던 적도 있었다. 2등과의 차이가 클 때는 정말 '큰일 났다.'라고 마음에서 요동쳤던 때도 있었다.

2등은 1등의 마음을 쥐락펴락했다. 하지만 낙찰보다 패찰하고 돌아오는 날이 더 많았다. 경매 보증금을 항상 넣어 놓는 '경매통장'이 있다. 경매통장은 보증금을 넉넉히 넣어 놓고, 입찰할 때 법원에 가서 수표 한 장으로 찾아 입찰하고 패찰하면 다시 은행으로 가서 보증금을 입금하고 돌아온다.

경매통장의 입출금의 횟수를 세어 보면 입찰 횟수가 나온다. 경매 입찰하고 2년이 넘는 시점에서 경매통장의 입금과 출금 횟수를 확인해보니, 100번 정도 입찰한 기록이 나왔다. 100번 입찰에 10번 낙찰이었으니 낙찰받기가 쉽지 않음을 알 수 있었다. 2년이 넘는 동안 100번을 입찰했다면 1주일에 1회는 입찰했다는 것이다. 그렇게 현장과 법원을 들락날락하며 나는 진정 '경매인'이 되어가고 있었다.

경매 공부도 너무 재미있었다. 현장경험을 하면서 궁금증이 생기면, 수업을 들은 후 질문해 곧바로 방법도 찾을 수 있었다. 꼭 나를 위해 수업해주는 것 같았다. 내가 궁금한 점을 정리해서 가면 궁금증이 강의내용에 있었고, 이미 예습해간 듯 머릿속에 쏙쏙 들어왔다. 그리고 대면 상담을 하면서 꼼꼼히 메모해 놓았던 수첩을 꺼내 질문을 했다. 나의 그런 모습을 높게 보았는지, 어느 날 멘토님이 제안했다.

"미소영 님, 경매 기초 병아리반 강의해 보시겠어요?"

"네? 제가 경매 강의를 한다고요?"

반문하듯 질문하고 나서, "아, 네, 해보겠습니다."라고 곧바로 답변했다. 혹시라도 제안을 취소할까 봐서였을까? 미리 준비라도 한 듯이 대답하고 집으로 돌아오는 길, 그때부터 걱정이 시작되었다.

'내가 강의를 한다고?'

곰곰이 생각해보니, 당시 반사적으로 든 생각은 '내게 기회구나.'였다.

5

강의는 항상 설렜다

'네.'라고 대답하니 기회가 생겼다.

2016년 초, 경매 기초반 강의 제안을 들었을 때 놀라기는 했지만, 사실 기뻤다. 2015년에 빌라 강의를 진행하면서 강의 준비 시간을 가져 봤기에 준비 과정의 어려움은 극복할 수 있었다. 내가 좋았던 것은 '정규반'이라는 거였다. 꾸준하게 계속해서 강의를 이어갈 수 있으니, 시간 강사의 느낌보다는 정식 멘토가 되는 기분이랄까?

인정받는 기분이어서 뿌듯하기도 했고, 잘해보고 싶은 마음과 에너지가 가득했다. 그리고 내가 더욱 기뻤던 이유는 내가 10년 동안 해오던 자영업의 마무리를 준비하고 있었기에, 강사로서 새로운 시작은 나에게 의미가 깊었다. 자영업자의 삶에서 경매 투자자로, 이제는 경매를 알려주는 강사가 되는 것! 이제 시작인데 난 이미 강의하고 있는 모습을 상상하고 있었다.

초보 강사, 영혼 갈아 넣기

2016년 3월부터 3개월 징도 강의 준비를 했다. 7주 강의 커리큘럼 중 3주를 강의하는 것이다. 어떤 방법으로 전달하면 좋을지 기존 강의 한 내용을 먼저 복기하고, 내가 전달하고 싶은 내용으로 재구성했다. 프레젠테이션으로 강의 자료를 만드는 작업이 사실 힘든 작업이다. 한 번 만들고 나면 계속 반복해서 쓸 수 있지만, 처음에는 수정도 많이 하게 된다.

강의안을 준비할 때

1. 목차를 우선 구성한다.
2. 목차마다 전달하고픈 내용을 워드에 적는다.
3. 내용을 압축해서 ppt로 제작한다.
4. 50분 단위로 타이머를 맞춘 후 워드로 정리해 놓은 강의내용을 읽는다.
5. 읽으면서 버벅거리는 부분이 있는지, 추가하고 싶은 내용이 있는지 검토한다.
6. 마지막으로 녹음한다. 그리고 녹음한 내용을 다시 들어본다.

초보 강사인 내가 강의를 준비하는 과정이다. 처음부터 완벽할 수 없다는 것을 알고 있지만, 가능하면 최선을 다해 준비했다. 강의할 내용을 '안녕하세요.' 하는 인사부터 시작해서 '감사합니다.'라는 마무리까지 토시 하나 빼지 않고 워드로 정리하고 녹음하고 듣는 과정을 반복하니 입이 열리기 시작했고, 머릿속으로 강의하는 내 모습이 눈 앞에 펼쳐지기 시작했다.

내가 투자를 하면서 강사 생활을 정식으로 시작한 건, 2016년부터이다. 그전에는 몇몇 특강을 하긴 했지만, 경매 기초 정규반의 강사가 된 것이다. 당시 나의 마음은 지금도 생생하다.

"미소영 님, 경매 기초 병아리반 강의해 보시겠어요?"

그 제안을 받았을 때 처음 들었던 생각은 '내가 할 수 있을까?'였다. '다른 사람들을 가르친다는 것이 어려운 일인데.', '내가 다른 사람에게 지식을 전달해 줄 정도로 해박한가?', '내가 경험한 경험치는 아직도 많지 않은 것 같은데, 정말 회원들에게 도움이 될 수 있을까?'였다.

자본금이 너무 적어, 다른 투자자들과는 다르게 다세대. 빌라, 소형 아파트 투자로 시작하며 완전 바닥부터 배워간다고 생각했는데, 정말 비싼 부동산은 접근도 못 해봤는데, 이런 소액투자의 경험만 있는 내가 강사의 자리에 올라도 되는 것인가? 강사가 지녀야 할 자질에 관한 질문을 계속했었다.

그렇게 고민하는 나를 불러 멘토님이 이렇게 말씀해 주셨다.

"미소영 님, 지금까지 경험을 나눠주시면 처음 시작하시는 분들이 더 도움이 될 거예요. 왜냐하면 초보자의 마음을 아니까요. 그리고 초보였을 때의 경험을 지금도 생생하게 기억하고 계시니까요."

나는 이 말이 위안이 되었다.

솔직히 강사 제안을 받았을 때 너무 하고 싶었다. 자영업을 마무리하기 전후로 투자만 해왔던 내가 한 단계 성장할 기회라는 생각이 들었다. 그리고 이 기회를 잡고 싶은 마음이 굴뚝같았지만, 아직 준비되지 않은 상태인 것 같아 혹시, 믿고 추천해주신 멘토님께 누가 될까 봐, 피해가 될까 봐 걱정부터 하고 있었다. 하지만 내가 따르고 있는 멘토님의 응원 한마디는 나를 춤추게 했다. 마음속에서 춤추는 내 모습을 행동으로 보여드리진 못했지만, 아마도 하고 싶은 간절한 눈빛을 읽어주셨던 것 같아 감사한 마음이 컸다.

찌질이 같은 생각, 다시 도전

2018년 가을 또 제안이 들어왔다.

"미소영 님, 경매 실전투자반 강의해 보시겠어요?"

경매 기초반 수업을 몇 년 해오고 있음에도 처음 경매 기초반 제안해주셨던 때와 똑같이 "제가 실전투자반 수업을 할 수 있을까요?"라고 바보처럼 반문하는 질문을 했다. 왜 스스로 나를 믿지 못하고, 자꾸 멘토님께 나의 실력을 확인받으려고 하는 것일까? 다시 생각하면, 내가 실력이 될 것 같아서 제안해주시는 건데, 참 내 마음 편하여지려고 하는 행동으로 보였다. 찌질이처럼……

제안을 받고, 도움을 받아 강의하기로 마음먹은 다음에는 최선을 다해 준비했다. 강의 준비하는 기간부터 실제 강의하는 첫날까지는 약 3개월 정도 시간이 주어졌다. 그 기간 실제로 강사의 일정과 똑같이 경매 입찰 물건 뽑고, 지역 브리핑 검토하고, 임장 전 자료 조사하고, 임장하고, 임장 후 강의 자료 완성하고, 이 과정을 매주 반복하며 자존감을 높이기 위해 노력했다. 또한 부동산 정책의 변화와 그에 따라 대응하는 전략까지. 집중해서 몰입했다. 이때는 다른 소소한 것들은 일정에서 모두 뺐다. 조금이라도 실력을 키우기 위해 집중했다. 3개월의 반복된 습관의 힘은 컸다.

그렇게 나는 경매 기초반과 실전투자반의 강사가 되었다. 나는 강사 생활이 나의 실력을 향상하는 데 도움이 될 거라 믿었다. 왜냐하면 회원들의 실제 투자하는 물건을 같이 검토해야 하고, 전략을 세우고, 명도도 함께 해주는 과정을 반복해야 하므로 그 경험으로 나도 성장할 것이라고 믿었다. 그래서 이 모든 과정이 즐거웠다. 행복했다. 회원들이 '멘토님'이라고 호칭해주는 것도 감사했다. 정말 '멘토'가 된 기분이었고, 나의 경험이 회원들에게 도움이 될 수 있다는 것에 더 큰 보람을 느꼈다.

자신을 스스로 과소평가하지 말자.
'나는 충분한 자질이 있어.'라고 자신에게 말해주자.

6

책 쓰기,
인생이 달라졌다

"미소영 님, 책 한번 써보시겠어요?"

"제가 책을 써요? 아니 못 해요. 일기도 잘 쓰지 않는데요."

"아니에요. 미소영 님의 경매 경험을 써주시면 경매 입문하는 분들이 용기를 얻을 것 같은데요. 잘 생각해보세요."

정확히 기억이 나지는 않지만, 난 제안을 받을 당시 '못 하겠다는 생각'에 거절을 먼저 했던 것 같다. 당시 신문사 칼럼이나 카페에 글을 올리긴 했지만, 블로그에 올리는 글도 아닌 책을 쓰는 것은 차원이 다르다고 생각했다. 한 번도 생각해보지 못했던 일이었다. 그 제안을 받은 것만으로 내겐 특별한 이벤트였다.

집으로 돌아온 후, 내 머릿속에서 '책 쓰기, 책 쓰기'라는 단어가 맴맴 돌았다. 못 쓴다고 했으면 끝일 텐데, 계속 생각을 하는 것을 보니, 분명 미련이 남아 있었다. '내게 온 기회를 발로 차버리는 것 아닌가?'

다음 날, 난 도서관에 가서 글쓰기 관련 책을 무작위로 최대 대여 가능한 수만큼 빌려왔다. 그리고 며칠 동안 책을 계속 읽었다. 글쓰기 관련 책을 읽다 보니, 왠지 할 수 있을 것 같았다. 한번 해보고 싶다는 마음이 저 밑바닥에서 올라오기 시작했다.

나도 해보고 싶다. 해보자, 그러나

'나도 할 수 있을까?', '나도 해보고 싶다.', '아니 도전해보자!'

이렇게 해서 책을 쓰기로 했다. 내 책의 컨셉은 이미 정해져 있었다. 나의 경매 경험담을 담으며 경매의 전 과정을 쉽게 풀어서 쓰면 되는 것!

나는 경매의 권리분석, 임차인 분석, 임장, 입찰, 낙찰, 대금납부, 명도, 임대의 전 과정을 목차로 놓고 그에 관련한 이야기를 한 꼭지마다 경매 낙찰 사례를 넣어 글을 쓰기로 하고 2017년 1월 본격적으로 글쓰기에 돌입했다.

일과 중 강의 일정을 제외한 모든 외부 일정을 최소화하고 나머지는 글을 쓰겠다고 책상 앞에 앉아 있었다. 너무 오래 앉아 있으면서 '허리 아프다, 목이 아프다, 어깨가 뻐근하다.' 이런 구차한 생각들이 더 많아지고, 정작 한 페이지도 쓰지 못하고 있었다.

편집자는 원고 마감 기일을 일정에 맞춰서 정해주었고, 1차 원고 마감일이 다가오는데 정작 나는 넘겨줄 글이 없었다. 잠도 오지 않았다. 책상에 오래 앉아 있으면 글도 써질 줄 알았는데 아니었다.

'아, 안 되겠는걸.', '못 쓸 것 같으면 빨리 못 하겠다고 말씀드려야겠다.'

밤을 꼬박 새운 어느 날, 가슴이 답답하고 미칠 것 같았다. 나는 못

하겠다고 마음을 먹고 멘토님을 찾아가 두 손을 꼬물꼬물하며 말을 꺼냈다.

"멘토님, 저 아무래도 책 쓰는 것은 무리인 것 같아요. 글 쓰는 것이 너무 어렵습니다. 다른 분에게 기회를 주는 것이 나을 것 같아요."

어렵게 말을 꺼냈다. 솔직히 이런 말을 하는 나 자신이 창피했다. 정말 못난이 같았다. 해보겠다고 큰소리치고 한 달도 안 돼 못 하겠다고 꼬리를 내리는 내 모습이 한없이 작아 보였다.

멘토님은 지긋이 쳐다보면서 "미소영 님 많이 힘드셨어요?"라며 걱정스러운 눈으로 쳐다보셨다.

"네. 될 것 같는데, 안 되네요. 요즘 잠을 못 자겠어요. 마감일은 다가오는데. 아무래도 제 실력은 아닌 듯합니다."

그런데 멘토님은 의외의 대답을 해주셨다.

"아무래도 처음 글을 쓰는데 쉬우면 더 이상한 것 아닐까요. 열흘 정도 쉬어보시고, 그다음 다시 글쓰기를 해보시고, 그때도 안 되겠다고 말씀하시면 그때 받아드릴게요. 일단 아무 생각하지 마시고 푹 쉬세요."

책 쓰기는 정말 가능할까

하루 이틀 쉬는데, 갑자기 나 스스로 화가 났다.

'너, 다시 해보는 것은 어때? 출판 요청을 받은 것은 내가 할 수 있다고 생각되어 제안해주신 거잖아. 너는 고작 한 달 해보고 포기하는 거야.'

만약 지금 글쓰기를 포기하면 앞으로 글쓰기와 관련된 일은 못 할 것 같았다.

'그동안 해보지 않아서 그렇지 나도 할 수 있지 않을까?'

나는 다시 도서관으로 향했다. 이번엔 글쓰기 관련 책을 씹어 먹어버리겠다는 마음으로 3권의 책을 빌려왔다. 책 제목은 정확히 기억나지 않지만, 내가 글 쓰는 방법으로 찾은 팁은 유용했다.

꾸준히 글 쓰는 방법의 4가지는 다음과 같다.

첫째, 글 쓰는 시간을 일정하게 정하기
둘째, 글쓰기 전 준비 시간을 갖기
셋째, 글이 써지지 않아도 일정 시간 앉아 있기
넷째, 경험의 에피소드와 자료를 충분히 찾기

나는 글 쓰는 시간을 하루 두 번으로 정했다. 새벽 5시~7시 2시간, 저녁 식사 후 8시~10시 2시간, 이렇게 하루의 4시간을 고정으로 하고 나머지는 일의 양에 따라 조정하기로 했다. 낮에는 다른 일정이 많아 고정적으로 시간을 내기가 어려웠다.

글쓰기를 전문적으로 하는 분들도 글 쓰는 방이나 자리를 마련하고 글쓰기 위한 장소로 이동하는 행위를 하는 등 자신만의 규칙이 있다는 것을 알았다.

난 집안에서는 거실이 나의 글쓰기 공간이었다. 새벽에는 찬 공기가 들어오도록 거실 창문을 열고 차 한잔을 마시면서 스트레칭을 한다. 글쓰기 공간으로 가는 나의 의식이다. 새벽 시간은 가족이 깨어나기 전이니, 집중도가 높았다.

문제는 저녁 시간이었다. 저녁을 먹고 나면 노곤하기도 했지만, 가족들이 귀가하는 시간이라 뭔가 어수선했다. 고민하다가 집을 탈출하기로 했다. 카페를 찾을까 하다가 집 앞에 있는 도서관으로 가기로 했다. 그렇게 저녁 시간 글 쓰는 공간은 도서관이 되었다. 도서관에서 마감하는 방송을 들으며 귀가할 때 뭔가 뿌듯했다. 나는 새벽 글 쓰는 시간도 저녁에 도서관에서 글 쓰는 시간도 마음에 무척 들었다.

드디어 첫 번째 책 출간

그렇게 글 쓰는 시간은 무려 8개월이 걸렸다. 초고를 넘기고 다시 고치고, 교정을 하며, 8개월의 글 쓰는 시간 끝에 나의 첫 번째 부동산 경매책, '돈이 없어도 내가 부동산을 하는 이유'가 출간되었다. 책 제목을 정할 때도 사실 고민이 되었다. 돈이 없었던 것은 맞지만, 이 나이에 돈이 없다는 책 제목이 부끄러웠다. 하지만 출판사는 매출과도 상관이 있으니 몇 차례 회의 끝에 이 제목으로 결정했다. 이때 내 마음속에는 언제가 될지는 모르겠지만, 차후 '돈이 있어도 부동산을 계속하는 이유'라는 책을 내야겠다고 생각했다.

8개월 동안의 우여곡절 끝에 출간된 책!
광화문 교보문고 대강당에서 출판 기념 강연회가 열렸다. 당시 '북극성 재테크 카페'에서 병아리반 강의를 하고 있었기에 많은 회원이 참여해주어서 그 많은 좌석을 꽉 채워주었다. 그렇게 큰 홀에서 하는 강의는 처음이라 긴장되어, 강의 직전 청심환을 먹고, 마음을 진정시켰다. 사회자의 소개로 강단에 올라 걸어가는데 좌석 맨 앞줄 중앙에 나란히 앉아 있는 두 딸이 보였다. 환하게 웃으며 엄마를 바라보고 있는 딸들의 얼굴을 보는 순간 뿌듯하기도 하면서 힘이 났다. 준비한 내용으로 2시간 강의를 하고 난 후, 저자 사인회를 했다. 많은 분이 길게 줄을 서서 기다려 주었고, 난 한 분 한 분께 사인을 해드렸다. 어떤 독자는 선물을 주고 가기도 했다. 하루가 어떻게 지나갔는지 모르게 그렇게 출판 기념회를 마쳤다.

'아, 이게 꿈인가 생시인가?'

집에 돌아와 보니 꽃다발과 선물이 가득하다.

그날 난 잠 못 이루는 밤을 보냈다.

중간에 포기하고 싶었던 시간이 많았음에도, 시간이 언제 가냐며 8개월이 8년처럼 느껴졌던 시간! 인고의 시간을 보내고 나니, 이젠 뭐든 할 수 있을 것 같았다.

그 후 3년이 지난 시점, 다시 출간 제안이 들어왔다.

"미소영 님, 두 번째 책을 쓰셔야죠. 경매 기본서를 제안하고 싶은데요."

첫 번째 책을 출간한 후 인세 통장에 인세가 쌓이기 시작했다.

7

'아니요.'라는 말엔
용기가 필요하다

강의하는 횟수가 늘어나니 자연스럽게 수입도 더 늘어났다.

앞에는 투자 수익만 있었다면, 투자와 강의료가 더해지니 시너지도 높아지는 기분이었다. 예전에 누군가에게 들었던 내용이 생각났다. 성공하려면 '투자 + 강의 + 컨설팅' 3가지를 하면 된다라고…….

그런데 시간이 흐르면서 나의 하루를 되돌아보면 투자하는 시간보다 강의하는 시간에 쏟는 비중이 더욱 늘어갔다. 어느 순간 내 투자는 멈춰져 있는 듯 보였다. 오로지 강의를 위한 활동만 하는 것처럼 느껴지고, 회원들의 메일이 쌓일수록 그 기분은 더해져 갔다. 나는 더 이상 성장하지 않고 멈춰져 있고, 오히려 소모되는 기분이 들었다. 나보다 투자를 더 잘하는 회원들을 보며, '난, 지금 뭐 하고 있는 거지?'라는 생각이 스쳤다.

자영업과 강사의 생활은 다른가

새벽 1시 비가 부슬부슬 내렸던 그때! '이 야심한 밤에 나 혼자! 지금 난 무엇을 하고 있는 걸까?'라며 울컥 울음을 쏟아 냈던 그 장면이 오버 랩되었다. 그때도 자영업 5년 차였다. 이때도 정규강의를 시작한 지 5년 차였다. '왜 난 과거에도 지금도 온 에너지를 쏟아서 일했는데 5년 차가 되어서 감정이 비슷한 것일까?' 그때 생각이 들었다. '난 시스템을 갖추지 못한 채, 내가 가진 노동의 에너지를 모두 쏟아 내고 있었구나.' 정말 아차 싶었다.

- 강사도 시간을 담보로 일하는 사람일 뿐이라는 것을
- 대가를 받고 일하는 사람이란 것을
- 내가 강의를 하지 않으면 수입은 없다는 것을
- 만약, 이대로 간다면 나의 노후는 어떤 모습이 될까?

나에게는 시스템이 필요했다. 일하지 않아도 돈이 들어오는 시스템! 부동산으로 어느 정도 만들어가고 있다고 생각했었는데 아니었다. 난 월세 흐름이 없었다. 책 출간으로 인한 인세도 갈수록 줄어들고 있었고, 출판사와 5년 계약기간이 끝나면 인세 또한 멈출 수 있다는 것을 인지하게 되었다. 강의를 멈추면 더 이상 수입이 들어오지 않는다. 결국 과거 자영업을 했던 때처럼, 내가 움직이지 않으면 수입이 계속 들어오는 시스템은 아니었다.

정말, 정신이 번쩍 들었다. 그동안에도 돈을 벌기 위해 달려오긴 했으나, 현명하지 못했다는 생각이 들었다. 열심히 하는 노력 말고 시스템이 돌아가게 하는 구조로 변화가 필요했다. 그러려면 지금처럼 에너지를 계속 쏟아 내야 하는 실전투자반 강사는 그만해야겠다는 생각이 들었다. 또한 시스템도 갖추지 못한 내가 계속 멘토를 한다는 것이 나 자신에게 부끄러웠다. 하지만 고민도 많았다. 내가 그동안 노력하며 투자했던 시간이 수포가 되어 버릴까 봐, 힘들게 쌓아 올린 탑이 무너질까 봐.

하지만 결단이 필요했다. 활동을 더 할 수 있는 지금, 다른 시스템을 갖출 수 있는 시간이 내게 필요함을 깨달았다. 과감해지자.

그리고 남편과 상의했다.

"자기야, 나 실전투자반 강의 그만하고 싶은데, 나 지금 힘든 것 같아. 지금 강의를 그만두면 수입이 많이 줄어들어. 자기 생각은 어때?"

남편은 잠깐 고민을 했다. 하지만 뜸 들이지 않고 대답해주었다.

"그래, 그만해. 이제부터 내가 더 열심히 할게, 그동안 고생했어."

이때, 난 많이 울었던 것 같다.

- 강의를 그만해도 되나 하는 아쉬움
- 강의를 그만해도 된다는 안도감
- 강의 수입을 신경 쓰지 말라는 남편의 말 한마디!

그때가 2021년 가을로 접어들 때였다. 나의 강사 생활은 2022년 24일만 일하고 나머지는 쉴 수 있는 일상을 만들 수 있게 되었다.

8

삶이란 무엇인가

40대 주부가 되어 가장 힘들었던 것이 가정에서 돈, 자녀, 성공에 대한 기대가 무너지고 특히 남편이 퇴사나 이직을 고민하는 모습을 보며 '우리는 무조건 잘될 거야.'라는 환상이 물 건너간 것이었다. 내 집 마련, 자녀교육 등으로 돈은 더 필요한데 수입은 오히려 줄어들 수 있다는 불안감, 그런 상황에서 노후 준비까지 해야 하는 현실에 지치고 힘들었다. 시간이 지나, 남편과 진지하게 얘기하다 보니 남편 또한 이런 현실에 힘들어하고 있었다. '힘들었다.'라는 남편의 말 한마디에 가족을 위해 애써온 그의 마음을 외면한 듯해서 오히려 미안하고 뭉클해졌다. '그렇지, 우리 둘 다 힘들었지, 그래도 잘 견뎠다.'라는 생각이 들며, 함께 견디며 옆에 있어 준 남편이 사뭇 고맙고 감사했다.

나는 어떤 인생을 살고 있을까

생각해본다,

'나에게 행복이란 무엇일까, 내가 생각하는 성공이란 무엇일까?'

만약 누군가 불쑥 '당신에게 삶이란 무엇인가요?'라고 물어오면 나는 대답할 수 없을 것 같다. 아직도 개념 정리가 되지 않았다. 한 줄 문장이 떠오르지 않는다. 당연히 알고 있다고 여기는 사랑, 행복, 성공, 자유 그리고 인생에 대해서 정의하기 어렵다는 생각이 든다.

치열했던 마흔에도 왜 힘든지도 모르고 견뎌냈듯, 지금도 새로운 것에 부딪히며 또 새로움을 맞이하고 있다. 그래서 앞서 인생을 살아가고 계신 부모님을 바라보게 되고, 선배를 바라보게 되고, 책 속의 멘토를 바라보게 된다. 그리고 시간을 앞서가고 계신 분들의 공통점을 발견했다. 바로 성실함이다.

멈추지 않고 넘어지면 오뚜기처럼 다시 일어나서 걷는다. 속도의 차이는 있겠지만, 자신이 걸어갈 길이라고 생각하고 꾸준히 걷는다. 자신에게 부여된 의무를 다하며 그렇게 성실함을 무기로 앞서간다. 각자마다 순리대로 사는 방식이 있을 것이다. 그 '순리대로'라는 개념이 맞는지 잠시 쉬어 생각해본다.

질문해 본다.

"나에게 삶이란 무엇인가, 삶을 한 줄 문장으로 설명할 수 있을까?"

'나만의 삶'을 한 줄로 만들고 싶어졌다. 어릴 적, 단어의 뜻을 알기 위해 국어사전을 펼치고 공부했던 기억이 난다. 연필로 밑줄을 긋고 공책에 필사한 후 동그라미를 치고 외우고 다시 기억해 내려고 애쓰던 그때! 지금은 인터넷이 발달되어 핸드폰 하나만 있으면 어디서든 검색해서 볼 수 있고 궁금증을 곧바로 해결할 수 있지만 말이다.

정보를 얻는 속도가 빠르니, 머릿속에서 지워지는 시간은 더 빠르다. 뇌에 저장하려고 애쓰지 않고, '나중에도 필요하면 찾아보면 되지.'라는 생각이 나의 무의식 속에 깔려버렸다고 생각한다. 왜냐하면 그게 쉬우니까.

우리의 뇌는 쉽게 가려고 하는 습성이 있는 것 같다. 편하게 해결하려고 하는 것 같다. 쉽고 편한 것에 금세 익숙해지는 것을 보면 말이다.

거스르며 살아보자

50대인 나에게 삶이란, 순리대로 살아가는 것이 아니라 순리를 거스르며 사는 것이다.

나는 그동안 남의 눈치를 많이 보는 사람이었다. 남들에게 싫은 소리 듣는 게 가장 싫었다. 특히 실력이 부족하다는 생각이 드는 것은 나의 가장 큰 '활력'이자 가장 큰 '적'이기도 했다.

그동안 내 행동을 제한했던 것이 어찌 보면 '두려움'이다. '남들에게 잘 보여야 한다는', 보이지 않는 나의 모습에 대한 두려움! 나쁜 소리를 듣고 싶지 않다는 마음, 하지만 성공으로 가는 과정에서는 따라오는 부수적인 일 중 하나라는 것을 최근 자기 계발 관련 책을 읽으면서 알게 되었다. 그리고 나 자신을 있는 그대로 들여다보는 연습을 하는 중이다.

어찌 보면 걱정하는 마음을 내려놓고, 그냥 즐겨보는 것이 나에게 있어 가장 필요하다는 것을 그리고 그런 여유를 가져도 된다는 것을 50대 중반이 되어서야 알게 되었다. 그동안 길들어 왔던 습관이 한순간에 바뀌지는 않겠지만, 나는 이제 나 자신을 그대로 보려고 한다.

머리가 나쁘면 나쁜 대로, 돈이 부족하면 부족한 대로, 실력이 부족하면 부족한 대로, 내 성격이 내향적이면 내향적인 그대로, 남들이 뭐라고 말하든, 타인에게 잘 보이려고 애쓰지 않으려고 한다. '남들에게 욕 좀 먹으면 어때!' 난, 이제 나 자신을 그대로 봐주고 싶다.

'너 지금 모습 그대로 괜찮아.'

40대에는 내가 앞으로 어떻게 될지 모르는 채로 닥치는 문제를 그때그때 해결하며 살았다면 이제는 미래의 나의 모습을 만들어보고, 원하는 모습으로 살아가려고 한다. 순리대로 살지 않는다는 것은 어려운 것이다. 50을 넘게 살아오면서 몸에 박힌 생각과 언어 그리고 행동하는 방식을 바꾸는 시간이 필요하기 때문이다. 무의식 속에 깊이 뿌리내린 습관을 의식적으로 거스르고 바꿔야 지금과는 다른 모습으로 방향을 바꿀 수 있으니 말이다.

사람들이 만족을 느끼는 최상의 상태는 남들과 비교하지 않을 때라고 한다. 나 또한 비교라는 말을 거둬내고 마음을 열고 바라보니, 최선을 다하는 나에게 초점이 맞춰지기 시작했다.

어릴 때는 부모님께 착한 자녀가 되기 위해서, 성인이 되어서는 직장에서 필요로 하는 모습이 되기 위해서, 결혼하면서는 남편과 시댁에 잘 보이기 위해서 애썼던 시간도 있었다. 100%는 아니어도 나의 의식 속에는 '나보다 남의 시선'이 중요했다.

이젠 '나'를 그대로 봐주기로 연습을 하려고 한다. 남들과 비교하지 않고, 순수하게 나를 바라보는 시선을 가지려고 한다. 남들과 비교하는 프레임은 과감하게 쓰레기통에 던져버렸다. 삶에서 행복한 마음이 드는 것은 필수여야 하니까.

누군가 제안하면, '네.'라고 대답하자. '네.'라고 말하면 기회가 생긴다. '기회'는 잡아야 한다. '내가 할 수 있을까, 돈이 될까?' 하고 간 보지 말자, 무조건 행동으로 옮긴다. 행동을 해봐야 내게 맞는지 아닌지 알 수 있다.

50대에서 바라보는 삶이란, '나'를 기준으로 순리를 거스르며 살아보는 용기다.

'순리를 거스르는 용기'를 40대에 시도하면 어떨까?

3장

50대, 은퇴하면 어때

1

하루를
잘 살고 싶어졌다

현재의 모습은 그동안 내가 생활해온 습관의 결과라는 것을 인정하게 된다. 현재의 내 모습이 마음에 들지 않는다면 무엇이라도 변화해야 한다. 나의 삶을 그동안 해보지 않았던 것에 도전해서, 하루를 정말 잘 살고 싶어졌다.

새벽 4시 30분, 울리는 알람

'더 잘까?'라고 생각하는 것은 0.1초? 내 머릿속에서 말하는 것과는 다르게 나는 침대에서 뒤척이면서 기지개를 켠다. '밤새 안녕'이라고 내 몸에 말을 하듯 몸 구석구석을 깨우듯 스트레칭을 길게, 팔이 빠지라고 늘인다. 눈은 반쯤 감은 채로 정수기 앞에 서서 온수로 반을 채우고 정수로 반을 채운다. 머그잔 가득 채운 물을 벌컥벌컥 한숨에 마셔버린다.

찬물 대신 온수에 정수를 섞어서 마시는 것은 낭독 수업을 하며 배운 것이다. 목을 관리하기 위해서는 미지근한 물을 마시는 것이 좋은데, 순서도 꼭 온수에 정수를 타라고 하셨다. 나는 검증하겠다는 필요성도 느끼지 않는다. 내가 무엇을 배울 때는 멘토가 전해주는 말은 일단 그 대로 행동으로 옮긴다. 좋은지 나쁜지는 행동으로 옮겨보면 자연스럽게 알게 되기 때문이다.

양치만 가볍게 하고 몸에 딱 달라붙는 레깅스를 입는다. 바로 앞까지도 두 딸이 레깅스만 입고 운동하러 밖으로 나갈 때 혹시나 싶어, 아이들의 뒷모습을 쳐다보며 다른 사람들의 시선이 머물 두 딸의 엉덩이를 보곤 했다. 내가 봐도 예쁘다. 하지만 남들이 보는 건 싫다. 아니 지나가는 남자들이 보고 혹시나……. 걱정스러운 마음도 있지만 사실 민망하다. 그래서 '엉덩이 가릴만한 웃옷 걸치고 나가.'라는 말이 입 밖까지 나오려고 한다. 하지만 그 소리가 입 밖으로 나오기 직전의 소리를 입 안에 가둬버린다. 또 잔소리가 될까 봐, 지금은 조선 시대도, 내가 자랄 때도 아닌 21세기가 아니던가.

그랬던 내가 그 딱 달라붙는 레깅스를 입는다. 단 민망한 엉덩이를 덮을 만큼 긴 외투를 입는다. 레깅스를 입게 된 것도 얼마 안 된다. 필라테스 운동을 딸과 함께하면서 입게 된 레깅스! 레깅스 못 입겠다고 주섬주섬하고 있으니, 작은딸은 '엄마, 걱정하지 마, 여긴 다 그렇게 입고 해.'라는 말에 용기를 얻어 입기 시작했다. 그런데 정말 편하다. 민망함은 잠시, 젊은 처자들이 왜 레깅스를 일상복처럼 입고 다니는지 그냥 알아버렸다. 입어보지 않고 '안 돼.'라고 말하는 건 아니었다.

나에겐 혁명, 새벽 5시 걷기

새벽 5시 전후로 걷기 시작한 건 지난 여름이었다. 함께 책을 읽고 인증하는 단톡방에 어느 날인가, 해운대의 바닷가를 달리며 찍은 사진 한 장이 올라왔다. 사진 속 인증 시간은 새벽 5시!

'와, 저 시간에 운동을?'

고민도 잠시, 나도 새벽에 밖으로 나가서 걷고 싶어졌다. 그래서 일어나자마자 책을 읽던 우선순위를 새벽 걷는 시간으로 바꿨다. 새벽에 책 읽기 습관은 5년 이상 해오던 루틴이라 책 읽기 습관은 이미 완성되어있었기에 새벽 걷기 운동으로 바뀌도 될 것 같아서였다. 그렇게 새벽 운동 습관을 만들기 시작했다.

작은딸의 추천으로 런데이라는 앱을 깔고 런데이의 활기찬 남자의 목소리에 따라 걷기 시작했다. 처음에 혼자이기도 하고 머쓱할 뻔했는데 런데이가 함께 하니 그저 좋았다. 몸매 좋은 근육 헬스 트레이너가 옆에서 같이 걸어주는 기분. 상상은 내 것이니, 그렇게 기분 좋은 상상을 하며 걸었다. 제법 땀도 나고 운동도 되었다.

그렇게 걷기 시작하다 보니, 난 어느새 새벽 공기와 바람, 그리고 해 뜨기 전 새벽이 주는 하늘에 빠져들고 있었다. 장소는 같은데 한 번도 같은 하늘이 아니다. 구름이 이렇게 아름다운 것이었던가, 바쁜 일상생활 속에서 땅을 보거나 핸드폰을 보며 걷는 것이 일상인데 새벽 시간은 그저 하늘을 보며 걷는다.

해 돋는 시간이 빨라지면서 새벽의 그 묘한 맛을 느끼려면 나도 5분에서 10분 정도는 평소보다 빨리 나가야 한다. 그래야 그 새벽하늘과 새벽 공기 내음을 맡을 수 있기 때문이다. 문득 그런 생각이 들었다.

'내가 변해가고 있다는 것을……'

새벽에 내가 활용하는 시간은 새벽 5시~7시, 아니 이젠 새벽 4시 30분~7시까지 2시간 30분인데, 그 시간에 작고 작은 습관들이 모여 나의 하루 시작을 꽉꽉 채우고 있었다.

지금 나는 변화해가고 있다. 나의 몸이 그동안 해보지 않았던 경험이 일상으로 채워가고 있음을 알고 있다. 나도 모르게 일을 하다가, 꼭 해야 할 일을 하다가 습관이 되는 것이 아닌, 내 의지로 새롭게 바꾸고 싶어서 의식적으로 바꾸고 있는 습관!

거스르는 생활, 시작해보자

웃기지도 않게 나는 지금 55세의 나이에 자기 계발에 푹 빠져있다. 지금 나를 계발해서 무엇을 하겠다고 이렇게 움직이고 있는지 나 자신에게 물어보면, '그냥 안 해봤으니까? 궁금하니까?'라고 말해주지만, 가만히 내 마음속 깊은 곳까지 들여다보면, 지금보다 더 나은 내가 되고 싶은 것이다.

의식적으로 버리고 싶은 문장 세 가지가 있다.

첫째, 바쁘다 바빠, 바빠서 못 해.

그동안 사는 게 바빠, 아이 키우는 게 바빠, 일하는 게 바빠, 돈을 벌기 바빠, '바빠, 바빠, 바쁘다.'라는 핑계로 나를 방치해두었던 것 같다. 일하느라 잠도 자지 못하는 내 운명이라니, '내가 움직이지 않으면 내 입에 밥 한 숟가락 떠 먹여주는 사람이 없더라.'라며, 그렇게 바지런히 열심히 노력하며 살아왔다고 자신 있게 말할 수 있었다.

둘째, 상대방이 싫어하면 어떻게 하지.

남들에게 싫은 소리 못 하고, 내가 조금 손해 보는 것이 더 낫다고 생각하는, 지금 아이들에게는 전혀 말이 안 되는 그런 '착한 사람 증후군'에 빠져있었다. 남의 것을 탐하지 않고, 배려심도 많고, 양보도 잘하는 사회에서 꼭 필요로 하는 '착한 사람' 되라고 말씀하셨던 부모님의 말씀이 맞는 거로 생각하며 살았다.

셋째, 움직인 만큼만 돈이 되네.

세상은 죽어라 하고 노력한다고 잘 살아지는 세상은 아니라고 생각했었다. 하지만 이것이 빈자의 생각이란 것을 알았다. 딱 움직인 만큼만 돈이 되는 그저 평범한 사람이 이젠 싫다. 노력하지 않아도, 일을 죽어라 하지 않아도, 내가 움직이지 않아도 밥 먹을 수 있고, 놀러 갈 수 있고, 내 몸을 챙길 수 있고, 사고 싶은 것을 살 수 있다고 믿어야 한다.

일하지 않아도 그런 일상을 누릴 수 있는 그런 시스템을 갖춘 사람이 되고 싶어졌다. 나이를 먹으면서도 더욱 건강하고, 긍정적인 말을 하고, 세상은 살만하다고 말해줄 수 있는 그런 '특별한 어른'이 되고 싶어졌다.

특별한 어른이 되고 싶다면 지금까지 했던 습관을 바꿔야 한다. 성인이 되면 자연스럽게 모든 것을 알게 될 거라고, 나이가 들면 들수록 나잇값을 하며 살 수 있을 거로 생각했는데, 그저 살아지는 대로 살면, 내 모습은 지금의 연장선일 뿐이다. 좀 더 다른 나는 없다.

좋은 습관은 우리를 성장시키지만, 나쁜 습관은 우리를 멈추게 하고 무너지게 할 수 있다고 했다. 그래서 오늘 하루 잘 사는 것이 너무 중요해졌다.

맞다! 오늘 하루를 잘 살면 내일도, 모레도, 노후도, 잘 살아갈 수 있음을 뒤늦게 알게 된다. 나보다 남을 먼저 챙겼었는데, 남들 말고 나를 챙기고 싶어졌다. 내 마음속에서 말하는 것을 그대로 들어주고 싶어졌다. 내 마음속에서 투덜거림도 받아주고 싶었다. 난 욕심이 많은 아이라는 것을 이제는 그냥 인정해 주고 싶어졌다. 그래서 오늘의 나의 습관을 하나하나 만들어가는 중이다.

내가 나를 인정해 주어야, 내가 되니까⋯⋯.

2

소모되는 삶,
성장이 멈췄다

통장 잔액이 멈췄다.

매월 10일과 25일이면 강사비가 입금되었는데 이제 드문드문 평소 수입의 1/3 정도만 입금이 된다. 매월 나가는 고정 비용은 정해져 있는데 수입은 줄어들었으니, 어느 순간부터 통장의 잔액이 멈췄다. 아니 오히려 조금씩 줄어들고 있었다.

매월 30일은 통장 정리하는 날! 세금과 공과금을 내고 나서 통장을 정리할 때마다, 조금씩 줄어가는 통장을 보며 잠시 생각에 잠겼다. 내 마음이 급하지 않은 이유가 무엇일까? 다 내려놓은 듯 이렇게 한가하게 여유로워진 이유는 무엇일까?

'괜찮아.'라고 말하는 이유가 무엇일까

첫 번째는 아이들이 성인이 되어 자기 밥벌이를 하고 있다

우리 부부에게 가장 큰 위기는 외벌이일 때 남편의 실직이었다. 생활비를 비롯해 아이들에게 들어갈 학원비부터 시작해서 들어가야 할 비용은 늘어만 가는데 남편의 실직은 그야말로 내게는 청천벽력 같은 소리였다.

'이제 무엇을 해서 아이들을 키워야 하나?'

고민하고 고민한 끝에 '이제 나도 사회로 나아가야겠다. 남편의 어깨의 무게를 나눠야겠다.'라고 결정하고, 내가 할 수 있는 일을 찾아 고민하고 고민한 끝에 '자영업'의 길을 선택했었다. 준비되지 않는 상태에서 시작한 자영업의 길은 참 힘들고 험했다. 두 자녀를 낳고 누적되듯 쌓였던 몸무게가 몇 개월 사이에 8kg이 빠졌으니, 육체적으로 힘듦이 어느 정도였는지 짐작할 만하지 않은가?

그런데 사람들은 지나가는 말로 이렇게 말했다.

"돈도 벌고 살도 빠지고 1석 2조네."

하지만 천만의 말씀 만만의 콩떡이다. 몸의 힘듦으로 인해 빠지는 살은 얼굴에 고생의 팔자 주름이 잡힌다. 건강한 주름이 아니었다. 내가 일을 하지 않으면 그 누구도 내게 돈을 주지 않는다. 내가 일을 멈추면 통장 잔액도 멈춘다. 사실 밥만 먹고 사는 것은 큰 문제는 아니다. 아이들에게 들어가는 비용은 계속 늘고 있는 시점이라는 점이 우리 부부에게 가장 큰 고민이었다. 그런데 그랬던 아이들이 이제 성인이 되어 스스로 밥벌이를 하고 있다. 그렇다고 아이들에게 생활비를 받거나 하지 않는다. 그저 우리 부부가 추가로 지출해야 할 비용이 없다는 것이다.

두 번째는 '뭘 먹고 살아야 하나.'라는 일에 대한 걱정이 줄었다.

분명 일을 멈췄으면 앞으로 무엇을 해서 먹고살아야 하나라고 걱정을 달고 살았겠지만, 그런 고민은 뒤로 미룰 수 있었던 이유는 우리 부부는 경매투자자라는 점이다. 채무불이행으로 법원에 넘어오는 경매 물건을 낙찰받아서 임대를 놓거나 매도해서 그 차익으로 수익을 실현하고 있다. 매월 고정적으로 들어오는 수입은 아니지만 1년 먹고사는 데는 큰 문제가 없다.

경매는 기술이다. 경매라는 기술은 나이와 상관없이 써먹을 수 있다. 공부만 한 것이 아니라 실전 경험이 많아지다 보니, 경매에 대한 두려움보다는 낙찰받고 명도까지 시나리오를 짜고 그에 따라 대응한다. 나 혼자서 경매할 때는 사실 아주 편하지는 않았다. 중간마다 발생하는 변수들을 처리하는 과정에서 오는 스트레스도 분명히 있고, 부동산을 관리하면서 처리해야 하는 소소한 일들이 제법 많다.

2년 전부터 남편이 합류하면서 남편에게 내가 그동안 처리했던 일련의 일을 넘겼다. 어찌 보면 내 입장에서는 가장 안전한 레버리지를 한 것이고, 남편은 새로운 일을 찾은 결과가 되었다.

난 토끼, 남편은 거북이

우리 부부를 이솝우화에 나오는 토끼와 거북이 같다고 생각하곤 한다. 예상하다시피 내가 토끼이고 남편이 거북이다. 성격도 발걸음도 빠른 편인 나와, 발걸음이 느린 편인 남편이 함께 걸으면, 같은 속도로 나란히 걷는다고 해도 어느새 내가 앞장서서 걷는 모양새로 바뀌곤 한다. 따로 걸을 때는 내가 먼저 빨리 걸어가서 쉬고 있으면 남편이 와서 곁에 앉곤 한다.

어렸을 적엔 영악하고 꽤 많은 토끼보다는 우직하게 자기 걸음으로 천천히 꾸준히 걸어가는 거북이가 이기면서 거북이처럼 되어야 한다고 배웠던 것 같다. 결과적으로 승리는 빠른 토끼가 아니라 거북이이기 때문이다. 이 결과에 대해서 좋다 나쁘다, 맞다 틀린다로 결정 내리진 않았다. 그냥 결과적으로 '거북이가 승리이니 거북이처럼 되어야겠다.'라고 단순한 논리로 받아들였던 것 같다. 하지만 태생부터 다르고 성격도 성향도 완전히 다른 토끼와 거북이를 굳이 경쟁시킬 필요가 있을까. 각자의 속도로 가면 되는 거지, 결과적으로 일정한 간격을 두고 둘 다 결승점에 도달했으니 말이다.

그동안 남편이 속도가 느리다고 생각했고, 불만이기도 했다. 나의 성향을 기준으로 남편을 평가했기 때문이다. 그런데 남편이 부동산 관련 일을 처리하는 것을 보며, 나와는 다른 면이 진중하게 다가왔고, 오히려 빨리빨리 하면서 덜렁거리는 실수를 하는 나보다 더 안성맞춤이라는 생각을 하게 되었다. 각자의 일을 해오면서 몰랐던 남편의 장점이 같이 일을 하면서 발견되었다.

이젠 조금 느리게 걷자

그 오랜 세월 함께 해왔는데, '이제야 남편의 진가를 알게 된다니.'라며 혼자 피식피식 웃기도 한다. 아니 내 일이 줄어들어 기분 좋아서 하는 소리가 될 수도 있겠다. 즉 난 든든한 남편이 있어, 지금 일을 하지 않아도 마음이 불안하지 않다. '노후에 무엇을 해서 먹고살지.'라고 고민도 잠시 멈출 수 있다. 조금 느려도 우리의 길을 가면 되니까!

통장 잔액이 멈춘 지금, 성장이 멈춘 지금, 우리 부부는 느리게 걷고 있다.

느리게 걷다 보니 그동안 보지 못했던 것이 보이기도 한다. 너무 바빠 살아서 챙기지 못했던 내 마음도, 건강도 그리고 내 주변에 자리 잡은 작은 소품들까지도 소중함을, 특히 가족에 대한 애정이 더욱 커지고 있다.

아이들이 성인이 되어 각자의 몫을 할 거라는 믿음으로 이젠 불안해 하지 않아도 되고, 남편과 함께 천천히 걸어도 된다고 생각하니 마음의 여유가 생겨서 좋다. 마음의 여유가 생긴 그 자리에 이제 또 다른 무언 가를 채우고 싶은 생각이 다시 스멀스멀 일어나기 시작했다. 성장이 멈 추고, 수입이 줄고, 통장 잔액이 줄어들기 시작하니, 멈춤으로 인해 배 움을 다시 생각한다.

'이제 무엇을 할까?'

3

돈 중심에서 벗어나보자

문뜩 결혼 전 생활이 떠오른다.

풋풋했던 20대, 사회생활을 일찍 하면서 나에게는 월급을 쓸 수 있는 자격이 생겼다. 부모님께 용돈을 받아 쓰던 때와는 차원이 달랐다. 월급을 쪼개어 부모님께 드리고, 저축하고 일정 금액은 공부하는 데 쓰기로 분류했다. 금액이 큰 것은 아니었지만, 난 계속해서 대학을 가지 못한 것에 대해 아쉬움이 많았었다. 야간 대학을 알아보긴 했지만, 회사 퇴근 시간과 맞지 않아 힘들었다. 그래서 더욱더 무엇인가 배우는 데 집중했었던 것 같다.

보상심리였을까?

아니면 정말 하고 싶었던 것일까?

20대 때, 하고 싶은 게 많았다

- 영어 학원을 정말 열심히 다녔다.

  (이태원에 가서 지나가는 외국인과 대화를 하고 싶었다.)
- 컴퓨터학원에 다녔다.

  (회사에서 업무상 필요하다고 지원해주었다.)
- 보석공예와 박공예를 배웠다.

  (특히 보석공예에 정성이었다.)
- 공무원 시험공부 하러 다녔다.

  (안정된 직장이 부러웠었다.)
- 직장인 테니스 교습이 유행이었다.

  (빠질 수 없지, 회사 출근 전 테니스를 배우러 다녔다.)
- 친구들과 탈춤을 배우러 다녔다.

  (웬 바람이 불었는지, 그때는 공연 준비까지만 했었다.)
- 빨간 스포츠카를 몰고 싶어 운전면허를 땄다.

  (바닷가를 달리고 싶었다. 영화를 많이 봄.)
- 연극관람, 대학로와 신촌 소극장에 다녔다.

  (한 달에 2회 정도, 나름 스트레스 해소가 됨.)

결혼 전까지 뭐가 이렇게 하고 싶은 것이 많았을까? 회사에서 퇴근 후, 집으로 곧바로 귀가했던 적은 한 달에 2~3회 정도였던 것 같다. 엄마는 매번 일찍 들어오라고, 집에 와서 밥 먹으라고 하셨던 기억이 새록새록 하다.

그리고 멈췄다. 육아와 동시에 늦게 시작한 4년 동안 대학교 공부했던 것 이외에는 나를 위한 자기 계발을 시도했던 것은 별로 없었다. 우리 부부의 모든 초점은 육아와 일이었다. 50대가 되고 나니, 나를 챙길 수 있는 시간이 많아졌다. 성년이 된 아이들은 저녁밥을 꼭 차려주지 않아도 된다.

아이들 고등학교까지 가장 걱정되고 우선이었던 것이 '밥상'이었다. 한 끼라도 거를까 봐, 멀리 가도 밥상은 차려놓았다. 꼬박꼬박 밥상 차려주는 것에 성의를 다했었다. 당시에 배달 음식은 치킨과 중식 이외에는 찾기 힘들었다.

지금은 외식과 배달문화가 일상이 되었기에, 밥상에 대한 걱정은 없다. 아이들이 성인이 되고 나니, 자영업을 그만두고 나니, 강사의 일을 많이 덜어내고 나니, 나에겐 시간적 여유가 많아졌다. 이 시간에 무엇으로 채울까 생각해 본다. 처음에는 내가 하고 싶은 것이 무엇이었는지, 하나도 생각나지 않았다. 시간이 없어서 하고 싶은 것을 못 하는 줄 알았는데, 막상 시간이 생기고 나서 보니, 하고 싶은 것이 무엇인지에 관한 생각조차 잊고 살았던 것 같다.

50대가 되니 20대 환경이 되었다

가족들을 일일이 챙겨주지 않아도 되니, 이제부터는 내가 하고 싶은 것을 찾으면 된다. 20대 때에 했던 것들을 나열해 보니, 내가 관심이 많았던 것은 '자기 계발'이었다. 운동도 하고 싶고, 공부도 하고 싶고, 여가 생활도 하고 싶고, 안정된 직장도 찾고 싶었다.

강의하면서 몸은 힘들어도 마음은 힘들지 않았던 것이 무엇인지 생각해 보았다.

'알려줄 수 있다는 것', '도움이 될 수 있다는 것', '고민을 들어줄 수 있다는 것'이었다. 그런데 어떤 계기로 그 마음에 상처가 생기고, 힘이 들고 고된 일처럼 느껴지고 있었던 것은, 사실 사람들과의 관계였다는 것을 잘 알고 있다. 내 마음이 왜곡되었을 때가 가장 힘들었다는 것을 안다. 그렇게 즐거운 일이 아닌 무거운 일로 바뀌고 있었다는 것을 인정하고 싶지 않지만, 지금은 인정하고 있다. 그게 팩트였다. 맞다. 내가 가장 힘들었던 것은 '마음'이었다.

앞으로 하고 싶은 일이 무엇인가?
아니, 내가 되고 싶은 것이 무엇인가?
다시 생각해 본다. 내 가족과 지인들, 그리고 가까이하는 사람들이 다 행복했으면 좋겠다. 특히 돈 걱정 없이 품앗이하며, 하루하루가 행복한 삶이었으면 좋겠다. 나와 남편, 내 두 아이, 부모님과 동생들, 내 이웃들!
주위를 둘러보면 다들 평범하게 소소하게 살고 있다. 하지만 조금만 더 깊게 들어가 보면 돈 걱정이 제일 많고, 즐겁게 사는 방법을 잘 모른다. 자신을 위해 돈을 써보지 않았으니, 그에 대한 즐거움도 모른다. 모두 근로 생활에 매여서 평범하게 소시민으로 살고 있다.

정체성이란 무엇인가

정체성이란 단어를 네이버 국어사전에서 찾아보면 '변하지 아니하는 존재의 본질을 깨닫는 성질'이라고 정의한다. 변하지 않는 존재 즉 나의 정체성은 내가 믿고 있는 것을 말한다. 그동안 꾸준히 해온 일들이 바로 나의 정체성이다. 내가 강사라고 믿는 것, 내가 작가라고 믿는 것, 내가 투자자라고 믿는 것처럼 말이다. 만약 나의 정체성을 '운동하는 사람'이라고 믿고 싶다면 운동을 꾸준히 해야 한다.

정체성은 내가 되고 싶은 사람을 뜻하고 그 사람이 되는 과정이 습관이다. 습관은 한 번으로 만들어지지 않는다. 처음에는 의식을 갖고 시작해서 계속 반복하다 보면 나도 모르게 무의식에 심어지는 것. 무의식으로 계속 행동하게 될 때, 그때가 바로 나의 정체성이 되는 것이다.

정체성은 한 개일 필요가 없다. 한 개의 정체성을 가지면 그다음 정체성을 만들기는 쉬워진다. '왜일까?' 맞다. 앞에 정체성 만들기에 성공해 봤기 때문이다. 한 번의 성공은 다음을 기대하게 만든다. 다시 도전하게 만든다. 그래서 내가 처음 한 개의 정체성을 갖는다는 것은 의미가 깊다. (행동 ⇨ 습관 ⇨ 정체성)

'내가 할 수 있을까?'에서 '나는 할 수 있다.'라는 믿음이 생기는 것!

20대에 왜 그렇게 하고 싶은 게 많았나 생각해 보니, 나의 정체성을 찾고 싶었다는 것을 이제야 알아주게 된다. 50대에 다시 돈 중심에서 벗어나 나 중심으로 시선을 바꾸고 싶었던 이유는 좋은 습관을 장착해서 자신감을 높이고, 다시 나의 정체성을 찾아 다음 단계를 위해 준비하기 위해서다.

다음 단계는 바로 노후!

노후는 바로 '내가 되고 싶은 사람이 되는 것'이다.

4

조기 은퇴,
부족해도 실행하자

왜인지, 언제부터인지는 모르겠으나, 부부는 함께 일하면 안 된다고 생각했었다.

함께 일을 하다 보면 의견 차이도 있고, 부딪치는 일도 많아질 것이고, 가장 중요하게 생각한 것은 각자의 독립적인 생활이었다. 부부여도 집에서는 함께 '공유생활', 사회에서는 '각각의 생활', 이중생활을 하면 더 좋을 것 같았다. 낮에는 각자의 사회 공간에서 다른 사람들과 소통하고, 저녁에는 집에서 가정을 꾸려나가는 모습이 이상적 부부의 모습으로 그려졌다.

2019년 강의 준비를 하며 서울, 경기, 강원도 등 지방 임장도 함께 해야 했다. 매주 1회 이상 멀리 다니다 보니, 차로 움직이지 않으면 불편했고 시간도 오래 걸리고 힘도 들었다. 하지만 나는 28년 차 장롱면허 소유자다. 지금도 운전할 수 있지만 정말 하기 싫은 것 중의 하나가

운전이다. 속도에 대한 불안감 같은 것이 있다. 나는 늦은 밤 가능하면 택시나 광역버스는 타지 않으려고 한다. 속도 때문이다. 야간에는 차량이 적으니 차량 속도는 더욱 빨라진다. 일부러 그런 것은 아닌데, 항상 교통사고를 떠올리게 되고 그 후의 안 좋은 상상까지 하게 된다. 그래서 운전대를 잡는 것을 계속 미루게 되는 것 같다. 남편은 이런 나의 마음을 잘 안다. 그래서 가능하면 멀리 장거리를 갈 때는 일정을 조율해서 함께 간다.

그전에도 함께 임장한 적은 있었지만, 강의와 연결된 의무적인 임장을 남편과 같이하면서 남편의 새로운 점을 발견했다. 남편이 임기응변이 빠르고, 현장에서 대처 능력이 탁월했다. 문득 부동산 관련 업무를 나보다 남편이 더 잘할 수 있겠다는 나만의 믿음이 생긴 어느 날, 남편에게 말했다.

일 그만두고 나랑 부동산 경매할까

근로자로 직장 생활을 해본 사람이라면 알고 있다. 가슴속 주머니에 품고 있는 '사직서', 사직서를 힘차게 던지고 나올 수 있는 날을 상상으로도 그려본다는 것을. 언제가 될지 모를 그날을 위해 품고 다니는 '사직서'! 늦었지만, 지금이라도 남편과 함께 같은 분야의 일을 하고 싶어졌다. 자영업이 아닌 사업을 하고 싶어졌다.

사업은 혼자가 아닌 둘이 같이하면 더욱 시너지가 날 것 같았다. '난 왜 그동안 부부는 함께 일하면 안 된다고 생각했을까.' 하고 질문을 던지게 되었다. 남편과 온종일 함께 있으면 의견이 맞지 않아 싸울까 봐,

혹시 사이가 벌어질까 봐, 남편에 대한 환상이 깨질까 봐 등 이유 같지 않은 이유 외에는 다른 말이 떠오르지 않는다. 맞다, 쓸데없는 걱정이었다.

남편은 직장과 사업 등으로 20년 이상의 사회 경험을 갖은 사람이다. '그동안 쌓아온 경험으로 실력 발휘를 더 할 수 있는 거 아닌가?', '나보다 객관적인 사람, 나의 단점을 장점으로 가진 사람이 아닌가?'

성향이 달라 서로 다른 답을 내놓긴 하지만, 서로 의논해서 이성적인 결과를 도출해 왔다. 이젠 남편이랑 함께 하는 시간을 갖고 싶어졌다. 누구보다도 믿음직한 남편과!

남편에게 시간을 주고 싶었다. 스스로를 위해 공부할 시간, 사색할 시간, 근로 생활에 얽매이지 않아도 되는 시간. 그래서 남편에게 공부할 1년의 세월을 주기로 했다. 부부가 함께 사업을 할 때 각자의 분야로 나눠서 일하는 것은 필수이지만, 공통으로 지식수준이 비슷하게 형성되어 있어야 어느 한쪽으로 치우치지 않게 되고, 서로 존중하며 자존감과 자신감을 챙길 수 있을 것 같았다.

부족해도 은퇴를 앞당겨보자

그렇게 2020년 초 남편은 직장 생활로부터 자진 은퇴했다. 여기서 '자진 은퇴'라는 말은 '은퇴해도 생활비 걱정은 하지 않아도 된다.'라는 뜻이 담겨 있기도 하다. 현업을 그만두고 새로운 일을 찾을 때 세 가지 경우를 고려해 볼 수 있다.

첫째, 직장과 공부 7:3 or 8:2로 공부 시간이 현저하게 적은 경우
둘째, 아르바이트하면서 공부 시간 비중을 5:5로 늘리는 경우
셋째, 일을 그만두고 공부 시간을 100%로 늘리는 경우

세 번째는 돈을 벌지 않으니, 흔히 '백수'라고 불릴 수 있는 상황이다. 만약 백수인데 생활비가 문제 된다면, 머지않아 일자리를 다시 찾아야 하는 것이 현실이다. 그런 차원에서 집안 경제는 1년 동안 내가 책임지기로 했다. 강의가 많았고, 책을 쓰고 있었고, 투자도 함께하고 있었기 때문에 큰 걱정이 없었다. 그리고 계속 힘들게 일해온 남편에게 1년 동안 돈 걱정 없이 자기 계발을 할 수 있도록 여건을 갖추었다는 점에서 나 스스로 칭찬해주고 싶었다.

그렇게 남편은 돈 걱정은 뒤로하고 은퇴를 했다. 그렇다고 우리 부부가 온전히 경제적 자유를 이룬 상태는 아니었다. 보통 은퇴는 어쩔 수 없이 하는 경우와 경제적 자유가 될 때 두 가지로 경우가 많은데, '경제적 자유를 이뤘을 때만 은퇴를 할 수 있는 건가?'라고 질문을 던져보니 '꼭 그럴 필요는 없지.'라는 대답이 나왔다.

'경제적 자유를 위해 부족해도 은퇴를 앞당겨보자.'라고 선언하니 마음이 가벼워졌다.

은퇴를 앞당기면 좋은 점이 있다. 절실함이 생긴다. 절실함은 사람을 움직이게 하는 힘이 있다. 그 힘은 더욱 커져서 행동도 적극적으로 바뀌게 된다. 여기서 하나 절실함 밑바탕에는 '믿음'이 깔려있어야 한다.

· 사업을 잘 운영할 수 있을 것이라는 믿음.
· 재무 상태를 합리적으로 관리할 수 있을 것이라는 믿음.

- 직장업무보다 능률적으로 처리할 수 있을 것이라는 믿음.
- 꾸준히 실행에 옮길 수 있을 것이라는 믿음.
- 부부관계도 더욱 좋을 것이라는 믿음.

난 그 믿음을 남편에게 주었다. 이렇게 새롭게 만들어진 우리 부부의 정체성은 '경매투자자'다.

50대가 된 우리 부부는 20대 연애 시절에 신혼생활을 계획했던 것처럼, 30년 결혼생활을 하고 난 후 노후생활을 계획하고 있다. 신혼생활이 풋풋함이라면 노후생활은 느긋함이라고 정의해 본다. 함께 해온 결혼생활 30년이 지난다. 그동안의 경험으로 이젠 여유로운 노후 30년을 기대한다.

그래서 조금 부족해도 남편의 조기 은퇴를 결정했다.

5

부부의 대화
이제야 들린다

우리 부부가 등산을 시작한 건, 2020년 10월!

설악산 대청봉을 오르는 것이 시작이었다. 그전에도 걷는 것은 좋아했지만, 높은 산을 등반하는 것은 처음이라고 봐도 된다. 강릉에 일이 있어 가는 길에, 남편은 조금 특별한 이벤트를 준비했다. 바로 그 이벤트가 설악산 대청봉까지 등산이었다.

아뿔싸, 결혼기념일이라고 해서 우아한 분위기를 생각했는데, 등산이라니 그것도 해발 1,708m! 20대 초에 친구들과 가볍게 생각하고 놀러 갔다가, 울면서 대청봉까지 기어올랐던 기억이 시간이 흘러도 새록새록 피어나는 추억 속의 한 장면이다. 20대 젊을 때도 힘들어서 기어올랐던 그곳을 결혼 27주년 기념으로 오르다니! 이게 현실인가 싶었다.

하지만 남편의 의지는 강했다. 또 생각해 보니 앞으로 살아갈 날 중 지금이 가장 젊은데 왠지 지금 해보지 않으면 그 기회는 더 없을 것으로 생각이 들었다. 남편의 계획에 동의하는 게 좋을 것 같았다.

내가 동의하고 나니, 막상 남편의 걱정은 그때부터 시작되었다. 등산을 많이 해본 사람들은 7시간~8시간이면 가능하다고 하니, 초보 등산가인 우리 부부는 10시간을 잡고 천천히 다녀오기로 한 것이다. 아침 6시 출발하면, 오후 5시면 충분히 내려올 수 있을 것 같다며, 그렇게 준비했었다.

대청봉은 어디메냐

설악산을 오르면서 걷고 또 걸어도 '대청봉은 어디메냐?' 가파른 길을 따라 오르다 보면 어느 순간 펼쳐지는 전경은 산 아래에서 평소 보던 모습과는 완전 다른 세상이었다. 특히 오를수록 높이에 따라 펼쳐지는 세상은 완전히 차원이 달랐다. 순간, 등산하는 사람들이 왜 힘들어도 오르는지 어렴풋이 아주 조금 알 것 같았다. 남편은 계속 내 상태가 괜찮은지 관찰하면서 속도를 맞춰 걸었다. 걷고 걸어도, 오르고 올라도, 끝이 보이지 않았다. 괜히 왔다 싶은 생각이 계속되었다.

오르는 시간이 길어지니 어느새 생각은 사라지고 걷는 것에만 집중하게 되었다. 걷다 보니 내 옆에서 묵묵히 함께 걷고 있는 남편이 보이기 시작했다. 내가 힘들까 봐 무게가 나가는 짐은 자신의 배낭에 다 넣고, 내 배낭에는 물병 하나와 가벼운 간식 등을 넣어주고, 조금이라도 힘들어 보이면 잠깐 쉬고 가자며 속도를 조절하며 나에게 맞추고 보살피며 그렇게 계속 함께하고 있었다.

이 산을 오르는 것이 꼭 우리가 살아온 '인생' 같았다. 결혼 후 알콩달콩 달콤했던 시간! 남편은 정년까지 생각하며 다니던 직장 생활이 IMF를 겪으며 퇴직을 맞이하게 되었고, 새로운 사업을 시작했다 폐업을 하고, 다시 직장 생활! 나는 이직이 많았던 남편의 무게를 덜어주고자 택했던 것이 치킨집!

자영업 10년 동안 시간을 담보로 우리 아이들을 잘 키워내기 위해 최선을 다했던 우리 둘의 모습이 영화 시나리오처럼 펼쳐진다. 참 애썼는데, 어느새 우리 부부는 머리가 희끗희끗한 중년의 모습으로 고행의 산을 오르고 있다.

'누가 시킨 것도 아닌데, 왜 우리는 27주년 결혼기념일에 등반하고 있는 것이지.'라며 여러 생각들이 스쳐 지나갈 즈음, 대청봉 아래 마지막 대피소가 나왔다. 감개무량하다고 해야 하나. 대피소에서 간단히 식사하고, 대청봉을 오르기 시작했다. 그런데 대청봉을 오르는 길은 약 20분 정도 걸렸던 것 같은데, 가파른 길을 오르는데 갑자기 눈물이 나왔다. 찬 바람이 불 때마다 볼은 얼어가고 있는데, 눈물은 계속 나온다.

"자기야~."라고 남편을 부르며 쳐다보니, 남편도 울고 있었다. 약속한 것도 아닌데, 같은 시간 같은 장소에서 무엇이 복받쳤는지 둘은 말없이 울고 있었다. 그렇게 말없이 대청봉에 오르니, '아~~~'라는 외마디 단어만 나온다. 산 아래 펼쳐진 전경은 그동안 가슴에 담았던 모든 일이 다 소화되어 내려가 버리듯, 힘든 감정도 모두 날아갔다.

이제 못 할 게 있을까

나 자신이 새롭게 태어난 듯한 기분!

'대청봉까지 올랐으니, 이제 못 할 게 무엇일까?' 하는 생각이 들면서 이후 계획한 일들에 대한 걱정이 정말 싹 사라져 버렸다. '지금처럼 한 발 한 발 걸어가면 방향만 틀리지 않으면 정상에 오른다는 것', 이것이 정답이다. 평소 내가 원하는 것, 목표하는 것, 무엇이든 그 방향으로 차근차근 가다 보면 결국 도착지에 도달하게 된다는 것!

그런데 아뿔싸, 정상 대청봉에 오른 시각이 오후 2시였다. 남들은 5시간 오를 곳을 우리는 8시간이 걸린 것이다. 이제 하산을 해야 하는데, 정상에는 사람이 별로 없었다. 인증 사진을 찍으며 감동은 사진 속에 간직하고, 다시 하산하기 시작했다. 그런데 하산하는 길은 더 험하다. 경사도가 심해 주의하며 한 발 한 발 조심조심 그렇게 걷기 시작했다. 그런데 우린 감지했다.

'늦었다. 조금 더 속도를 내야 한다.'

어느새 우리 뒤로는 사람이 보이지 않았다.

중턱 아래쯤 온 것 같은데 오후 5시!

산속은 어둠이 더 빨리 찾아온다고 했는데, 그 어둠에 대한 감각이 없던 우리는 큰 걱정하지 않고 기존 속도로 꾸준히 걸었다. 그런데 아니었다. 오후 6시가 되니 정말 칠흑 같은 어둠이 찾아왔다. 우리는 헤드 전등도 없었다. 그전에 내려올 것이라 장담했었기 때문에 장비를 사지 않았었다. 혹시 몰라 책상 위에 놓은 LED 손전등을 가져왔었는데, 그때 다시 절실히 깨달았다. 장담은 함부로 하는 게 아니라는 것을, 만약에 대한 대비도 함께해야 한다는 것을!

핸드폰과 손전등으로 비춘 어두운 산길을 둘이 걸었다. 옆에서 동물이 금방 튀어나올 것 같고, 바로 옆이 낭떠러지일 것 같고, 내 생전에 그렇게 긴장했던 적이 없었다. 너무 긴장해 등 뒤로 식은땀이 흐른다. 그동안 힘들었던 것은 아무것도 아닐 정도로 무서움이 밀려왔다.

그때 남편은 옆에서 "걱정하지 마! 바닥만 정확히 보고 걸어."라며 계속 살핀다. 이 어둠 속에서 의지할 수 있는 것은 오로지 남편이었다.

남편의 손이 이렇게 컸던가

남편을 믿고 그렇게 또박또박 한 치 앞도 보이지 않는 그 길을 걸어, 저녁 7시에 출구에 도착했다. 앞으로 살면서 칠흑 같은 어둠 속에서 보낸 한 시간을 절대 잊을 수 없을 것이다. 나는 그때 온종일 남편과 걸으며 알게 되었다.

'그동안에도 내가 남편을 의지하며 지내왔구나.', '미우나 고우나 내 편인 남편이 항상 곁에 있었구나.'

그날 이후로 그렇게 힘들었음에도, 난 등산을 좋아하게 되었다. 특히 남편과 함께 등산하는 맛에 빠져있다.

우린 서로 다른 성격임을 너무도 잘 알기에, 함께 일을 한다는 것은 처음부터 생각하지 않았다. 40대에 같이 일하자고 남편이 말했을 때는 내가 한사코 싫다고 했었던 이유를 생각해 보면, 분명 일로 부딪치면 서로 싫은 소리를 하게 될 것이고, 혹여 언성이 높아지면 서로 상처가 되는 말을 할까 봐, 그런 상황을 아예 만들고 싶지 않았던 것 같다. 하지만 결국 50대에 들어 우리는 함께 일하기 시작했다. 기본 베이스에 깔린 성격은 변하지 않는다. 하지만 서로 무엇을 원하는지 눈치껏 알아차리게 되었고, 이제는 자신의 성격을 살짝 뒤로 감추고 서로에게 맞춰주려는 모습이 더 많아졌다.

내가 전적으로 믿고 의지할 수 있는 사람, 바로 남편! 그동안 집안과 바깥의 이중생활을 이젠 하나로 합쳐보자.

6

중년의 맛은 느긋함

"자기야, 오늘 비 오는데 정상까지 올라갈 수 있을까?"

"정상에 올라가도 백록담을 보는 것은 힘든 거지?"

3대가 덕을 쌓아야 맑은 날씨에 백록담을 볼 수 있다고 했던가? 특히 한라산은 하루 등산객 입장이 1,000명까지여서 사전 예약을 미리 했다. 여행과 숙박 일정 등을 감안하면 비가 온다고 다른 날로 바꾸기는 힘든 상태였다. 비가 새벽부터 계속 내리긴 했지만, 입장해도 괜찮다고 하면 그냥 등산하기로 하고, 올라가는 데까지 가보자고 하며 출발했다. 등산복과 배낭 위로 우비를 걸치니 조금 답답했다. 더군다나 코로나 때문에 마스크는 꼭 써야 하니⋯⋯.

상상해 보자.

등산복, 등산화, 배낭을 걸친 상태에서 우비를 입고 입에는 마스크를 한 상태, 안경까지 끼면 완전 '피난민 행세'로 변한다. 나는 안경은 벗고 양쪽 손에 쥔 스틱에 힘을 주며 한라산을 오르기 시작했다. 보지 않아도 '고생길'인데 '꼭 이런 비바람이 부는 날씨에 등산해야 하는가?'라고 한쪽 마음에 이는 투덜거림을 뒤로 하고, 결혼 28주년 기념일, 비바람이 심한 날씨에 한라산 등반은 그렇게 시작되었다. 설악산 대청봉 1,708m보다 더 높은 1,950m인 한라산 백록담!!

예상치 못한 돌발 상황

시작부터 범상치 않은 날씨, 인생에는 항상 돌발 상황이 발생하듯, 오르는 길에 큰일이 발생했다. 남편의 등산화 깔창 앞부분이 3분의 2가 벌어진 것이다.

'비가 오는 이런 날에, 한라산 중턱까지 올라왔는데, 신발 깔창이 벌어지면 어떻게 걸어가야 하는지.'

겨우겨우 대피소에 도착한 우리는 더 올라갈 것인지, 그냥 여기서 하산할 것인지 결정해야 했다. 안전이 더 중요하니까.

안전을 걱정하는 나와는 달리, 남편은 이런 장비 하나 제대로 점검하지 못해 발생한 이 상황을 속상해했다. 표정을 보니, 짜증이 나기도 하지만 그냥 포기하고 내려가기엔 아쉬움이 더 클 것 같았다. 우리는 신발 깔창을 묶을 만한 끈을 찾기 시작했다. 미끄러울 텐데 어쩔 수 없이 비닐로 묶은 후, 배낭에 달려있던 끈과 노끈을 찾아서 쫙 벌어진 신발 깔창을 단단히 묶었다.

그리고 다시 오르기 시작했다. 이제 갈수록 더욱 말이 없어졌다. 혹시 위험 상황이 발생할까 봐 온통 신경이 발에 집중이 되고, 미끄러질까 봐 더욱 조심했어야 했기 때문이다. 이때는 대청봉을 오를 때 눈물이 났던 것과는 다르게 지금 이 상황을 잘 견뎌내면 정상에 오를 수 있다는 믿음으로 어쩌면 더욱 집중해서 걸었던 것 같다.

사진 한 장은 남겨둬야지

백록담을 향해 묵묵히 오르고 또 오르는 사이, 비바람이 더욱 강해졌다. 우비 안으로도 빗물이 스며들고, 바람 때문에 중심 잡기도 힘들었다. 그런 상황에서도 백록담 앞에 길게 줄이 이어져 있다. 인증 사진을 찍기 위해, 그냥 웃음이 나왔다. 헛웃음이 아니라 찐 웃음이었다.

맞다! 이런 악천후에 고생해서 올라왔는데 '오래 기억될 사진 한 장은 남겨둬야지.'

우리는 비가 많이 내려 사진 찍는 순간에도 핸드폰이 물에 젖어 망가질 것 같아 초스피드로 사진을 찍는 데 반해, 우람한 20대 청년들은 우비를 벗고 폼나게 포즈를 다양하게 취하며 사진을 찍는다. 언제 또 이런 악천후에 백록담 앞에 서 있을 수 있으랴. 남는 건 기억과 사진뿐!

앞으로 남을 사진에는 '우비와 엉거주춤한 포즈로 서 있는 우리 부부', '비바람을 다 맞으며 당당하게 멋진 포즈를 취한 그 청년들'. 아마도 같은 시간 속 다른 장면으로 기록될 것이다. 아무려면 어떠냐. 삶의 현장 체험의 모습도 멋진 추억이 될 것이다.

산행, 여행의 '행'은 다닐 행, 즉 다니다, 가다, 행하다의 뜻이 있다. 난 산행도 여행도 지금은 둘 다 좋다. 국내 산을 하나씩 하나씩 오르면서 정상에서만 볼 수 있는 풍경과 오르는 동안 힘듦을 즐길 줄 아는 우리 부부가 좋다. 지금의 힘듦은 결국 정상으로 가는 길이라는 믿음이 지금과 앞으로 무엇을 하든 흔들리지 않고 걸어갈 힘이 될 것임을 우린 알고 있다.

결혼 28주년 기념, 9박 10일 여행! 그중 한라산 산행!

남편과 둘이 하는 여행은, 산행은, 여백이 있어서 좋다. 남들의 속도에 맞추지 않고 우리의 속도로 가면 된다. 쉴 곳은 편할 때 우리가 정하고, 마음이 닿는 곳에서 언제든지 멈출 수 있다.

목적지로 가는 방향만 맞으면 걱정이 없다. 필요에 따라 속도를 조절하면 된다. 설악산 산행 때처럼, 속도 조절을 못 해 어둠이 찾아와도 둘이 손잡고 걸어가면 된다는 것을 이제는 안다. 알게 되었다.

노후에도 할 수 있는 일

젊었을 때는 가져 보지 못할 느긋함의 여유를, 중년이 되고 보니 가질 수 있다는 걸 알게 된 것이다. 바로 중년의 맛, 여백의 맛, 여유의 맛, 걱정의 맛, 느긋함의 맛, 그 맛이 조금씩 다르다!

미래에 대한 불안과 두려움을 없애면, 지금의 삶이 행복할 수 있다는 그 '행복의 맛'도 이제는 알게 되었다. '동반자와 함께 하는 맛이 바로 이런 것'이라고 나는 말하고 싶다. 이제 앞으로 살아갈 날, 건강만 하면 걱정이 없겠다. 우린 건강을 우선순위로 해야 할 때가 맞다.

나이가 들고 노후가 되면 할 수 있는 일이 줄어든다. 팔순이 넘으신 부모님을 봐도 하루의 일과에서 가장 많이 차지하는 것이 운동이다. 그 외에는 특별하게 할 일이 없는 보통 일상이다. 일하다 그만두니 일상이 심심하다고 하신다.

노후에도 할 수 있는 일, 그 일거리는 노후에 닥쳐서 하면 조금 늦은 감이 있다. 노후에도 재미를 느끼며 할 수 있는 일, 돈을 벌기 위한 것이 아니어도 좋다. 노후에 할 수 있는 일은 두 가지다. 바로 '배움'과 '나눔'이다.

사람은 나이가 들어도 성장하고 있다는 기분이 들면 스스로 가치 있다고 생각하지 않을까. 배우고 성장해 가야 기쁨과 만족감이 배가 될 수 있다고 한다. 배움은 나이와 상관이 없으므로 꾸준히 성취감을 맛볼 수 있다. 배움의 방법으로 독서가 있다. 책 읽기를 하나의 일로 만드는 것이다. 노후가 되어서 창가에 앉아 책 읽는 모습을 상상해 보라. 그리고 그 배움을 다시 나눔으로 연결할 수 있다면 더욱 의미가 있을 것이다.

'나의 손길이 있어야 하는 곳'이 있다면 나눔을 할 수 있는 것만으로 충분하다. '봉사하는 사람', '나눔을 실천하는 사람'이 되면 몸은 늙어가도 마음은 언제나 늘 풍요롭지 않을까?

배움을 통해 나눔을 이어갈 수 있는 방법을 찾아보면 어떨까?

맞다. 배움과 나눔으로 노후에도 할 일을 찾을 수 있다.

7

여행의 맛은 임장

"자기야, 울산에 있는 이 물건 어때?"

"몇 개를 뽑아 봤는데, 한번 봐봐!"

남편은 경매 정보지를 뽑아 시세 조사를 한 후 내 책상 위에 살포시 얹어 놓고 간다. 나는 경매 정보지의 물건을 살펴보며, 지역 흐름을 살펴본다. KB부동산에 들어가 시계열을 우선 살핀다. 매매와 전세지수를 살피고, 부동산지인 사이트에 들어가서 공급량을 체크하고 지역 흐름을 살펴본다. 최종적으로 네이버 부동산에서 실거래와 매물 현황을 체크한다. 간단하게 살펴본 후, 다른 일정과 겹치는지 체크한 후 일정을 조율한다.

"자기야, 이 지역은 처음 가는 거니 2박 3일 어때?"

"좋아, 그럼 일정을 짠다."

이후 일정은 남편이 일사천리로 계획을 한다. 사전 조사와 임장동선 그리고 입찰가격까지 뽑아놓는다. 현장을 보기도 전에 입찰가격을 정한다고 하면 '뭐가 그렇게 쉬우냐.'고 할 테지만, 우리 부부는 수익률표를 기준으로 입찰가격의 범위를 정하는 것이다. 그리고 현장 방문 시 적용하지 않은 이벤트가 있다면 그 내용을 감안해서 공격적인 가격과 보수적인 가격 중 선택한다.

이것이 우리 부부가 경매 입찰을 하는 일반적인 모습이다.

남편과 본격적으로 경매 입찰을 시작한 지 2년이 넘어간다. 그전에는 시간을 조율해서 입찰을 시도했지만, 남편이 기존 다니던 회사를 그만두고 은퇴를 선언한 후에는 시간이 자유로워졌기 때문에 우리는 언제든지 떠날 수가 있다.

입찰지역도 하루 생활권의 범위를 위주로 보았다면, 시간의 여유가 많아진 후로는 전국이 입찰대상이다. 특히 경상도와 전라도로 입찰 갈 경우는 하루 코스로는 무리가 있다. 간단히 임장하고 돌아올 수도 있지만, 처음 가는 지역은 2박 3일 코스로 살펴본다.

부부가 임장을 즐기는 방법

임장이란 부동산 현장을 보러 가는 것을 말하는데, 우리 부부가 임장을 즐기는 방법은 세 가지다.

첫째, 현지인처럼 돌아다닌다.
숙소를 정한 후, 경매물건 주변을 걸으며 실거주자 측면에서 살기에 어떤지 살펴본다. 학교, 직장, 교통, 편의시설 그리고 호수나 공원 등 아주 기본적인 사항들. 지도로도 충분히 알 수는 있으나 지도로만 보는 것보다 현장을 실제 직접 걸으며 살펴보는 것이 오래 기억에 남는다. 특히 이번 입찰이 아니더라도 차후 해당 지역의 물건이 나오면 판단하기가 쉬워진다.

요즘 도시마다 호수공원을 쉽게 만날 수 있다. 호수공원의 특징은 차한 잔의 여유와 걷는 즐거움을 선사한다. 호수공원이 있는 도시를 가면 가능하면 그 주변으로 숙소를 잡는다. 도심 속에서 여유랄까? 남편과 저녁 식사와 술 한잔 마신 후 호수공원 주변을 산책하면 그 맛이 일품이다. 산책에도 맛이 있다.

둘째, 호수공원 주변 아파트를 우선 살핀다.

창원의 호수공원 주변으로는 가격이 가장 비싼 신축아파트와 재건축 가능한 아파트가 호수 주변을 둘러싸고 있다. 호수공원도 제법 크고 해당 지역 주민의 나들이 코스로도 손색이 없는 곳이다.

서산의 호수공원은 규모가 아담하다. 아기자기한 낮은 건물들이 호수 주변을 둘러싸고 있다.

높은 아파트가 아니라 호수와 하늘까지 어우러져 도심이지만 자연을 느낄 수 있다. 특히 호수 주변의 통건물을 보면서 '임대수익률은 잘 나오겠다.'라고 생각하며 찜해놓는다.

청주의 호수공원은 조금 이국적인 모습이다. 호수공원 중앙에 랜드마크 아파트가 위치하고 주변으로 작은 상권이 형성되어 있다. 특히 베트남 현지인이 직접 운영하는 가게에서 먹은 음식은 지금도 기억에 남는다.

수도권의 잠실호수공원, 일산호수공원, 동탄호수공원, 김포호수공원, 청라호수공원 등등 수도권에서 만날 수 있는 호수공원과 비교해도 손색이 없는 각 지역의 호수공원들! 호수공원은 말 그대로 호수를 끼고 있는 공원이다. 자연적으로 만들어진 호수가 있고 대부분은 신도시 조성 시 인공으로 만든 경우가 많다.

셋째, 데이트하듯 산책한다.

우리 부부는 유난히 호수공원 주변의 아파트를 실거주 점수를 높게 주는 편이다. 지금까지 다녔던 소도시에서도 호수 주변의 아파트 단지를 우선으로 살피면 변수가 적었다. 숙박하며 이렇게 경매물건지 주변을 손잡고 산책하다 보면, 결혼 전 데이트 코스가 생각나곤 한다.

여의도가 직장이었던 나를 위해 남편은 퇴근 시간이 되면 여의도로 출근 도장을 찍었다. 퇴근 후 여의도 고수부지를 걷다가 강가를 바라보고 앉아 멍하니 있기만 해도 한없이 좋았던 시절, 간혹 분위기 잡고 노래 한곡 불러주면 더 좋았다. 지금은 선곡 레퍼토리가 너무 똑같아 살짝 지겨워지기도 하지만, 그래도 그땐 그 노래가 좋았다. 그렇게 여의도 강변을 걷다가 힘들면 버스 맨 뒷좌석에 나란히 앉아 귀가하곤 했다.

결혼 전에도 결혼 후 지금도 강가나 호수 주변으로 걷는 건 우리 부부의 데이트 코스! 최근 추가된 것은 등산이다. 산악인은 아니지만, 정상까지 오르고 정상에서 산 아래를 내려다보는 맛이 얼마나 쾌감이 있고 짜릿한지, 우리 부부가 공동으로 갖은 취미이기도 하다.

여행할 땐 더욱 배려하게 된다

우리 부부는 성향이 아주 다르다. 그래서 좋아하는 것도 취미도 공통점을 찾기가 사실 어려웠다. 음악을 예로 들어도 남편은 샤워할 때 트로트 음악을 틀어놓고 노래 부른다. 나는 샤워할 때 음악보다는 다른 관심 내용을 틀어놓는 경우가 많다. 만약 노래를 듣는다면 최신노래를 위주로 듣는 편이다. 물론 가사도 알아듣지 못하고 노래도 못 부르지만 오래된 음악보다는 젊은 층의 신곡을 위주로 들으면 젊어지는 것 같고 신이 난다.

남편의 마음을 조금 맞춰주려고 하면 이동할 때 트로트를 듣고 같이 따라 불러주면 그것만으로도 남편은 좋아한다. 서로 맞춰준다는 것, 생각보다 쉽다. 남편과 여행할 때 또 좋은 섬은, 현지의 맛집과 한 번도 가보지 않았던 곳을 꼭 찾는다. 임장하면서 부동산 관련한 내용으로 둘러본 후, 미리 예상치 못한 곳의 방문은 여행의 맛을 느끼게 해준다.

즉 임장 후 여행! 임장과 여행을 동시에 하는 임장 여행이 난 항상 즐겁다. 패찰을 하면 다음을 기약하고 낙찰을 받으면 낙찰기념으로 좀 더 풍성하게 음식을 먹고 조금 더 고급스러워 보이는 숙소를 잡는다.

이렇게 경매물건을 기준으로 임장과 여행을 한 지 2년이 넘다 보니, 전국의 웬만한 지역은 가본 듯하다. 전국의 지도를 펼치면 예전에는 궁금한 곳이 많았다면 지금은 사진으로 찍어놓은 사진첩을 꺼내듯 파노라마처럼 펼쳐진다. 솔직히 여행의 기대치는 조금씩 낮아지고 있긴 하다.

하지만 내가 아는 것이 다가 아니고 내가 가본 곳이 다가 아니듯, 전국을 구석구석 좀 더 다녀볼 생각이다. 새로운 장소를 걸으며 주변의 소리를 듣고 바람을 느끼고 그곳의 생활을 느끼며 걸을 때는 잊고 있던 데이트하는 기분이 든다. 이럴 때 행복하다는 감정을 느낄 수 있다. 더불어 임장 여행의 맛은 새로운 장소에서 새로운 맛집 그리고 새로운 만남이 이어진다. '남편이 계획하는 여행의 맛은 계속 이어지겠지?'라고 생각하니 입가에 군침이 돈다.

'임장'과 '여행' 그리고 '데이트'라는 단어가 주는 설렘을 느껴보라.

8

통장 잔액, 얼마면 은퇴할 수 있을까

통장 잔액이 멈추고 나서도 '괜찮아.'라고 말은 하고 있지만, 한편으로는 다시 계산하고 있다.

'돈은 얼마를 벌면 만족할 수 있을까, 얼마면 은퇴할 수 있을까, 아니 노후 자금을 얼마 정도 마련해 놓으면 마음 편하게 은퇴할 수 있는 것일까?'

질문 던지는 시간이 많아졌다. 쉬고 있으면서도 괜찮다고 스스로 말하면서도 또다시 걱정이라는 꼬리표가 달라붙고 있었다.

국민연금공단 국민연금연구원이 발표한 '제9차(2021년도) 중고령자의 경제생활 및 노후 준비 실태' 조사 보고서에 따르면, 법적 노령 연령은 65세로 보고 있는데, 중고령자들이 생각하는 노후 시작 연령은 평균 69.4세이고, 또한 중고령자들이 생각하는 노후 최소 생활비는 부부 기준 월 198만 7,000원, 개인 기준 124만 3,000원이라고 답했고, 최소를 넘어 '이 정도면 괜찮겠다.' 싶은 적정 생활비는 부부 277만 원, 개인 177만 3,000원인 것으로 조사됐다.

하지만 내가 생각하는 향후 필요한 돈의 상승률 기준은 5%이다.

소비자 물가상승률은 해마다 변한다. 과거 소비자 물가상승률은 2011년은 4.0%, 2021년은 2.5%, 2022년은 5.1%였다. 최저임금인상률은 2011년은 5.1%, 2021년 1.5% 2022년 5.05%이다. 물가상승률과 최저임금상승률은 해마다 변하고 상승 폭은 높을 때도 낮을 때도 있다. 더불어 내가 5%로 정한 이유는 2023년 1월 현재 부동산의 임대차 계약에서 의무적으로 높일 수 있는 범위는 연 5%이다. 주택도 상가도 마찬가지다. 단 의무계약 기간이 만료되면 그 이상 조정할 수 있다. 만약 부동산 가격이 인하되어 주변시세가 낮아지면 다시 낮춰야 하는 위험도 있다.

노후 한 달 생활비 계산해보자

가정마다 필요하다고 생각하는 자금은 다르겠지만, 국민연금공단에서 발표한 자료보다 조금 높은 한 달 적정 생활비를 부부 300만 원이라고 가정하면, 해마다 5% 상승률을 감안해서 부부가 함께 생활에 필요한 자금을 검토해 보았다.

1년 차 : 300만 원 + (300만 원 × 5%) = 3,150,000원, 2년 차 : 315만 원 + (315만 원 × 5%) = 3,307,500원. 이런 식으로 단순 복리로 적용해보니, 10년 후에는 488만 원, 20년 후에는 795만 원, 30년 후에는 1,296만 원 정도가 한 달 생활비가 된다.

이건 부부가 함께 생활했을 경우를 예로 들었다. 만약 개인 적정 생활비를 200만 원을 기준으로 계산하면 10년 후 325만 원, 20년 후 530만 원, 30년 후 864만 원을 적용해 볼 수 있다.

지금 시점에서 보면 30년 후 부부가 필요한 금액은 너무 높다고 생각하게 된다. 하지만 과거 최저임금 기준으로 상승률을 보면 생각이 달라진다. 최저임금위원회의 연도별 최저임금 결정 현황의 시급을 보면, 1991년 820원, 2001년은 1,865원, 2011년은 4,320원, 2021년은 8,590원으로 10년 단위로 보면 약 2배 이상 상승해오고 있다. 2022년은 9,160원, 2023년은 9,620원으로, 2023년 시급도 1년 전 대비 약 5% 상승했다.

경제의 여러 지표를 떠나 단순하게 최저임금과 물가상승률만을 감안해서 보면, 향후 필요자금도 복리로 늘어난다는 것은 자명한 사실이다. 월 생활비가 더 든 이유는 인플레이션을 감안해서 올라간 것이지 생활환경이 훨씬 나아진 것이 아니다.

각자 계산해보자.

경제적인 활동을 하고 있을 때는 생활비 걱정은 없다고 가정하고, '노후가 되어 일하지 않아도 생활비를 쓰려면 얼마가 필요한지?'

내가 검토한 30년 동안 필요한 생활비는 개인 200만 원으로 가정하면 16억 원, 부부 300만 원으로 가정하면 약 25억, 부부 500만 원으로 가정하면 42억 원 정도 필요하다고 나온다. 하지만 부자의 기준을 돈으로 환산하는 것도 중요하지만, 궁극적으로는 '돈 걱정 없이 편안하게 보내고 싶은 마음'으로 보면, 이미 부자의 마음은 대부분 갖고 있다고 믿는다.

이 글을 쓰고 있는 현재 내 나이는 55세, 내가 목표로 하는 부자의 기준은 노후 30년은 먹고살 노후 생활비를 현금화할 수 있는 유동자금으로 65세 전에 마련하는 것이다. 앞으로 10년이 나에게 주어진 노후 30년 생활자금 마련할 수 있는 기한이다. 그렇다면 앞으로 얼마를 더 마련해야 할지 계산해본다. 그리고 그 자금은 무엇을 통해서 얻고 싶은지도 그려본다.

점검해보자.

앞으로 5년, 10년 동안 내가 목표하는 기준은 얼마일까?

4장

60대, 노후는 어떤 모습으로 살고 싶은가

1

경험을 말하는 강사

강사는 학교, 학원 그리고 소규모 모임 등에서 강의를 하는 사람을 말한다. 어떤 특정 분야에 전문지식을 갖고 있어 나눔을 하고 누군가를 가르치는 위치에 있는 사람, 시간을 들여 나눔 강의를 하고 그 대가를 받는 사람이다. 나는 강사를 '나눔을 하는 사람'이라고 정의하고 싶다. 누군가에게 나눔을 할 수 있는 위치에 선다는 것은 뿌듯한 일이다.

그동안 강의는 오프라인 기반이 강세였다. 강의를 듣고 궁금한 것을 곧바로 질문할 수 있는 쌍방향 소통 가능한 점이 오프라인의 장점이다. 그런 오프라인이 온라인으로 확산한 것은 코로나19의 영향이 컸다. 전 세계가 코로나19를 겪으면서 오프라인에서의 활동이 힘들어지고, 그 대체 방법으로 온라인에서 쌍방향 소통이 가능한 플랫폼이 등장했다. 가장 많이 대중적으로 사용되었던 것이 zoom이었다. '줌 미팅'이라는 단어는 이제 흔하게 사용되고 있다. 줌 이외에도 많은 플랫폼이 선보이고 있다.

이렇게 온라인으로 소통이 가능해지면서 강사, 즉 나눔을 하는 콘텐츠도 확산하고 있다.

나에게 '강사'의 의미는 전문적이고 지식수준이 높고 전달력이 있어야 하므로 어렵게만 여겨지던 직업군이었다. 그런데 최근에는 온라인 플랫폼의 확산과 더불어 자신이 경험한 수준에서 '자신보다 늦게 시작하는 분'들을 대상으로 하는 강의가 계속 많아지고 있다. 이 경험담은 유튜브라는 플랫폼도 한몫했다고 생각한다.

나 혼자 외박을

'ktx를 타고 지방에 내려가, 나 혼자 1박 2일로 외박을 한다?'

'외박'이라는 단어는 참 묘하다. '50세'가 되어 나 혼자 외부 숙소에서 잠을 자고 강의를 한다는 것에 설레기도 하면서 걱정도 되었다. 하지만 내게는 분명 일상탈출이었다.

어렸을 때부터 꼭 하고 싶었던 혼자만의 여행! 하지만 현실적으로 혼자 여행해본 적이 거의 없었다. 결혼 전에 엄마는 외박은 절대 허락하지 않았고, 결혼 후에는 혼자 여행할 일이 없었기 때문이다. 그래서 난 혼자만의 자유여행을 꿈꾸고 있었는지도 모른다.

드디어 그 기회가 왔다. 50세가 되어 '전국 강의 여행'을 통해 이룰 수 있게 된 것이다. 서울, 경기, 부산, 대구, 울산, 청주 등 교통이 조금 불편한 위치에 있어도 상관하지 않았다. 특히 경상권과 전라권은 1박 2일이 가능해서 더 환영했다. 강의를 듣는 수강자의 수는 크게 신경 쓰지 않았다. 많으면 더욱 기운이 났고 적으면 적은 대로 소통하며 '전국 강의 여행'을 했다. 간혹가다가 정말 처음 가는 지역은 2박 3일의 일정으로 해당 지역을 임장하기도 했다. '강의 여행', '강의와 임장 여행', 난 무엇을 하든 '여행'이라는 단어를 먼저 떠올리며 그렇게 전국을 누비고 다녔다.

한 가지 숙소가 제일 큰 난관이었다. 사실 혼자서 외부에서 숙박해본 적이 없어서, 숙소를 정하는 것이 어려웠다. 호텔에서 나 혼자 잠잔다는 것은 용기가 필요했다. 남편과 지방에 갔을 때, 창문이 꽉 막힌 모텔에서 잠을 잤던 적이 있었는데, 답답해서 잠을 자지 못했다. 남편은 잠을 못 자는 나를 보며, 그다음 지방으로 임장 갈 때 숙소는 창문이 큰 곳으로 정하곤 했었다.

'이젠 혼자 잠을 자야 하는데 잠을 잘 수 있을까?'

숙소에 대한 고민을 해결하고 싶어서, 숙소 예약은 남편에게 부탁했다. 남편은 혼자 잠을 자야 하는 나의 상황을 고려해 가능하면 창문이 통창이거나 큰 것으로 커튼을 치지 않아도 되는 조망이 있는 방으로 예약을 해주곤 했다. 난, 숙소에 가면 "자기야, 여기 숙소 아주 마음에 드는데, 창문이 정말 커, 야경도 멋지고."라며 조금은 더 과장해서 고맙다고 표현했다. 집이 아닌 숙소에서 잠을 자는 것이 남편에게도 걱정스러운 부분이었기에 오히려 남편이 숙소를 정하게 하니, 소소한 걱정은 말끔히 해결되었다.

돈보다 경험이 중요했던 이유

2017년 '돈이 없어도 내가 부동산을 하는 이유'를 출간하고 나자, 외부 강의 일정이 잡히기 시작했다. 부동산재테크 카페에서 계속해서 강의 요청이 들어왔고, 전국 백화점 아카데미에서도 강의 요청이 들어왔다. 매주 목요일을 외부 특강 날로 정하고, 외부 특강은 목요일로 가능하면 몰아서 일정을 잡았다. 사실 부동산 분야에서 이제 처음 책을 내고 활동하는 꼬마 강사여서 '미소영'이라는 브랜드 이미지는 이제 시작되는 단계였다. '북극성 재테크카페'에서 경매 강의를 메인으로 하고 있다 보니, 카페의 인지도가 내게는 명함으로 든든한 배경이 되어주었다.

만약 강의비만을 벌겠다고 했으면 출강하지 않았을 거다. 지방까지 ktx를 타고 내려가 강의하고 받는 비용은 강의에 따라, 약 2시간 전후로 강의하고 5만 원, 7만 원, 20만 원, 30만 원 등 회원 수 모집 인원에 따라 다양했다. 특히 백화점 등 아카데미 강의는 교통비 수준이었다. 그래도 흔쾌히 나를 불러주는 곳을 열심히 다녔던 이유는 강사로서의 외부 강의 경험치를 높이고 싶었고, 전국을 다녀보고 싶었기 때문이다.

강의 후 그냥 돌아오지 않고 해당 지역을 구석구석 돌아다녔다. 지하철, 경전철이 있는 곳, 특히 지상철을 타고 종점까지 다녀오는 것을 즐겼다. 수도권도 마찬가지지만, 지방의 지상철은 매력적이다. 특히 처음 지역을 가보는 '초보임장러'에게는 이만한 것이 없었다. 가장 많이 방문했던 지역이 부산광역시와 대구광역시였다. 부산에서는 백화점 강의 후 옥상 테라스에 올라가 시내 전경을 보며 차 한잔 마실 때가 여유롭고 행복했다.

간혹가다 남편과 일정이 맞으면 강의하기 전후로 해당 지역을 집중 임장하기도 했다. 남편은 운전을 오래 해서 힘들긴 하지만, 그래도 지역마다 경매물건을 뽑아 다니기만 해도 지역 임장은 충분했기 때문에 즐겼다. 혼자 하는 '강의 여행'도 남편과 함께하는 '임장 여행'도 모두 행복했다.

외부 강의는 그렇게 딱 1년을 집중적으로 진행했다. 책 출간 이후 책 홍보도 필요했고, 나를 알리는 작업도 필요했던 시기! 난 이 시기에 수도권에서 전국으로 투자지역을 확장하는 계기가 되었다. 1년 동안 전국을 여행하듯 강의 다녀보니, 자신 있게 '나는 나눔 하는 강사다.'라고 말할 수 있었다. '강의한다.'라는 것이 낯설고 강의하기 위해 더 공부하고 경험하러 다녔던 시간을 되돌려 받듯 '강사'라는 타이틀이 맘에 들었다.

경험은 실패든 성공이든 모두 소재가 될 수 있다. 현재 각자가 겪고 있는 상황이 누군가에게는 위로와 격려가 될 수 있음을 생각하자. 누군가 내 강의를 듣고 도움을 받고, 새롭게 시작할 용기를 얻는다면 그것으로도 만족스러운데, 거기에 강의하는 대가가 올라가니 즐겁고 행복했다. 시간의 가치는 강사마다 다르다. 시급으로 시작했지만, 시간이 지날수록 나눔을 즐기는 강사로 활동을 이어가고 있다.

강사는 경험을 나누고 공감해주는 사람이다.

2

자영업자는 1인 기업가

자영업자는 '영리를 목적으로 하는 각종 산업을 독립적으로 영위하는 사람을 말하며 개인이나 법인을 망라한다. 스스로의 권한과 책임으로 사업을 하고 이익을 얻는 게 특징이다.'라고 정의하고 있다.

〈출처: 한경 경제용어 사전〉

기업은 '이윤의 획득을 목적으로 재화와 용역을 생산하는 조직적인 경제 단위로, 기업은 이윤추구를 목적으로 재화와 용역을 생산하는 조직적인 경제 단위, 일반적으로 기업은 주식회사 형태의 사기업이 대표적이다.'라고 설명되어 있다.

〈출처 : 한국민족문화대백과〉

나는 자영업은 '개인사업자'를 말하고, 기업은 '법인'이라고 정리해 본다.

요식업의 자영업으로 10년 동안 가게를 운영하면서 당시에는 사업에 대한 큰 그림을 그리지 못했다. 그저 음식 맛만 좋으면 된다고 생각했다. 그보다 고민이었던 것은 오늘 매출이 얼마인지, 한 달 매출은 얼마인지, 매출을 올리기 위해서 무엇을 해야 할지, 광고비를 늘리면 될지, 과연 일 년 동안 수익은 얼마나 났는지 등 매출과 수익에만 초점이 맞춰져 있었다.

매출이 시원치 않으면 영업시간을 좀 더 늘리고, 쉬는 날 없이 일했다. 시간이 지날수록 노동으로 채워진 날들이 힘에 부치고 웃음이 줄어들기 시작했다. 노동 대비 수익이 많았다면 그것으로 위안을 삼았겠지만, 매출은 들쑥날쑥했다.

창업은 언제나, 폐업은 언젠가

가게를 창업하기는 쉽다. 하지만 폐업하는 것은 정말 어렵다. 가게를 시작할 때, 특히 프랜차이즈의 가맹점이 되기로 마음먹었을 때, 본사에서 제시하는 수익률을 믿으며 매출을 올리려고 애썼건만 시간이 지나면서 알게 되었다. 그대로 믿으면 안 된다는 것을, 매출은 최대한으로 부풀려 있고, 비용은 반대로 최소한으로 적용된다. 결국 가맹점을 오픈하고 나서 수익률을 보면 거의 절반 수준에서 시작되었다.

자신의 기술과 사업 노하우 없이 쉽게 시작할수록 수익률은 상대적으로 낮을 가능성이 크다. 하지만 가맹점마다 매출이 다르고 수익도 다르다. 그 이유를 찬찬히 들여다보면, 사업자의 마인드가 어떠냐에 따라 다르다는 것을 알 수 있다.

치킨집의 자영업을 마무리할 때, 같은 업종의 다음 임차인을 맞추지 못해 권리금은 아주 소액만 받고 시설을 그대로 넘기기로 했다. 난 권리금보다 탈출할 수 있다는 것에 감사했다. 10년 동안 한 자리에서 생활한 시간이 주마등처럼 지나갔다. 만약 다음에 내 사업을 하게 된다면 그때는 내 건물에서, 내 상가에서 시작해야겠다고 마음먹었다. 솔직히 건물주가 되어 임대인으로 편하게 지내고 싶은 마음이 더 컸다. 하지만 자영업자로 다시 돌아가고 싶지는 않았다.

그렇게 자영업을 마무리하고 강사로 활동한 지 7년 차가 되었을 때, 다시 사업에 대한 꿈이 생기기 시작했다. 건물주가 되어 임대인이 되겠다는 계획과 함께 사업을 접목하고 싶다는 생각이 스멀스멀 피어올랐다.

그때 만난 책이 고명환의 저서 '이 책은 돈 버는 법에 관한 이야기'였다. 고명환 님은 개그맨으로 알고 있었는데, 사업가로 저자로 강사로 활동하고 있었다. 서민 갑부에 소개되었다는 지인의 소개로 큰 기대 없이 책을 읽기 시작했는데, 순식간에 몰입되어 한나절 동안 다 읽고 마지막 책장을 덮으면서 들었던 생각이 '아, 이거다. 나도 사업 다시 하고 싶다.'였다. 가슴이 흥분되고 내 마음이 도전해보라고 외쳤다.

남편에게도 책을 읽어보라고 권했더니, 남편도 이틀에 걸쳐 읽고 나더니, "나 책 10권만 줘봐. 오늘부터 독서하겠어."라고 선언했다. 곧바로 책 읽기를 시작했다. 놀라운 경험이었다. 남편이 책을 읽다니……. 사실 이 한 가지만으로 기뻤다. 함께 노후를 설계하는 데 독서에 관한 공통점 하나를 추가하고 싶었는데, 내 소원이 이루어진 것이다.

사업에도 끌어당김의 법칙이 적용된다

경매를 처음 배우고 강의를 준비하면서 경매 관련 책을 정말 수도 없이 읽었다. 지금 거실에 있는 책장의 절반은 부동산 경매 관련 책들이다. 또 두 권의 책을 쓰기 위해서 추가로 전문 도서까지 찾아가며 자료를 정리했던 기억이 새록새록 난다. 책 한 권을 쓰는 동안 나는 해당 분야의 전문적인 지식을 배우고 있다는 생각에 뿌듯해했던 기억이 난다.

2022년 1년 동안 자기 계발 책을 약 100권 이상 읽었다. 책을 읽고 나니 성공한 사람들의 공통점도 발견하게 된다. 성공한 사람들은 지독한 독서가였다. 임계점이 느껴진다는 그 시점을 역으로 생각해 보니, 나도 50권 정도 읽었을 때였던 것 같았다. 온몸에 짜릿한 전율이 느껴졌다. 책을 읽고 임계점에 돌파한 느낌이라는 것이 이젠 무엇인지 알 것 같다.

사업도 마찬가지다. 자영업의 경험을 발판으로 이젠 1인 기업으로, 가족 법인으로 확장해야겠다는 계획이 눈앞에 순식간에 펼쳐지기 시작했다. 이는 전에도 생각은 했지만, 막상 시도하기에는 확신이 없어 주춤했던 내용이었던 것으로 나의 내면에 계속 잠재되어 있었기에 아마도 이렇게 선명하게 시각화된 것이 아닐까 한다.

사업가의 마인드를 갖는 것, 기업으로 가족 법인으로 확장에는 건물주와 임대업 그리고 사업을 접목하려니, 사업 관련해서 책에서 우선 임계점을 찾아보기로 하고 1년 동안 준비의 시간으로 정했다. 남편과 협의하고 가족 법인을 위해 자녀들과도 어느 정도 얘기하고 나니 이젠 실천만 남았다.

가족 사업의 모습을 세세하게 그리고, 상상한다.

3

블로그는
나만의 플랫폼

'이 지역의 맛집은 어디에 있을까?, 뭘 먹지?'라는 생각이 들면 나는 무조건 네이버 창을 열고 검색을 한다. 'ㅇㅇ동 맛집' 그러면 네이버 창에 수많은 맛집 정보가 가득하게 나온다. 그중 인플루언서의 맛집 정보가 가장 상단에 뜨고 그것을 읽어본 사람들은 그곳을 찾아가게 된다. 오프매장의 간판이 없어도, 도로변에 보이지 않는 구석에 있는 상가도, 어디든 찾아가서 맛있는 음식을 먹는다. 갑자기 궁금한 것이 생기면, 네이버 지식in에게 물어보면 누군가 열심히 댓글도 달아준다.

입주하는 아파트에 정보를 얻고 싶어서 ㅇㅇ지역 ㅇㅇ아파트라고 검색해도 시시콜콜한 내용까지 알게 된다.

지금은 나를 드러내는 시대이다. 겸손이 미덕이 아니라, '나는 누구다.'라고 말해야 하는 자기 PR 시대다. 과거에 자기소개라고 하면 쭈뼛쭈뼛 일어나 몸을 비비 꼬면서 개미 목소리로 말하곤 했는데, 지금은 당당히 일어나서 가슴 펴고 말한다. 그만큼 시대가 바뀌었다. 겸손함이 미덕이 아니라 개인적인 부분도 드러내어 말하는 시대로 바뀌고 있다. 특히 코로나19는 세상이 변화하는 속도를 가속했다.

2020년 초부터 시작된 코로나가 2023년 초까지 지속되면서 마스크를 낀 생활은 3년 이상 이어져 오고 있다. 이 글을 쓰고 있는 시간도, 앞으로 코로나 또는 그 외 변이 바이러스가 어떻게 진행될지 정확히 알 수 없다. 하지만 한 가지 확실한 것은 패러다임이 변화하고 있다는 것이다.

가장 큰 변화는 온라인으로 진행되는 플랫폼 활용이 많아졌고, 남녀노소를 불문하고 스마트폰 등 기기 활용이 불편한 세대까지도 온라인 세계를 경험했다. 마스크를 벗고 코로나 이전의 세상으로 돌아가 오프라인으로 전환된다고 해도, 온라인의 편리함을 맛본 우리는 그 단맛을 잊지 못할 것이다. 온라인으로 수업을 듣고, 줌으로 화상 미팅을 하는 것도, 새벽에서부터 밤까지 시간 제약 없이도 서로 의견이 맞으면 소통하는 시간도 자유로워졌다.

글 쓰는 사람이다

이렇게 온라인으로 소통하는 시간이 많아진 우리에게 중요해진 것이 있다. 바로 정보와 글쓰기의 능력이다. 글쓰기를 통해 자신을 표현할 수 있고, 글쓰기를 통해 새로운 콘텐츠 스토리를 만들어 내기도 하고, 글쓰기를 통해 마케팅할 수 있다. 글쓰기를 통해 n잡러에 도전해볼 수 있다. 글쓰기의 시작은 소박하지만, 글쓰기 끝에는 '글 쓰는 사람이다.'

라는 정체성이 있다. '글 쓰는 사람' 자체가 퍼스널 브랜딩이다. 스스로를 브랜딩하는 방법의 시작은 글쓰기라고 말하고 싶다.

그래서 글쓰기 자체도 일기장에 쓰는 것을 블로그로 옮겨서 시작해보는 것을 추천한다. 개인적인 감정, 일상을 누군가에게 드러낸다는 것이 부끄러울 수 있지만, 나를 드러내지 않으면 내가 누구인지 모른다. 시간이 흘러서 내가 기억을 잊어버리면 나의 삶도 그냥 사라지고 만다.

누가 기억해주지 않는 삶, 꼰대 같은 소리라고 해도, 55세가 되어보니, 그전에 내가 했던 것을 자꾸 되새겨 보게 된다. 되새기며 '그때는 어땠더라.' 하고 말하다 보면 어느새 기억이 희미해진다. 잊어버리고 싶지 않았던 기억까지 가물가물해진다. 그때는 뭐 하러 시시콜콜 기록하냐고 하겠지만 시간이 흐르니 그때 기록을 해둘 거라는 마음이 더 크다.

나 또한 네이버 블로그에 여러 계정이 있다. 쓰다가 멈춘 계정들 말이다. 그러다 정작 기록해야지 마음먹고 다시 시작하니, '그전에 기록을 없애지 말걸'이라는 후회가 들었다. 지금은 갖지 못하는 감정이 녹아 있는 그때 그 시절의 기록들 말이다. 그런 기억을 복기하면서 새롭게 결정한 것이 바로 n잡러까지 이어지는 블로그에서 글쓰기를 시작해보라고 제안한다. 의지만 가지고 되지 않는다는 것을 알기에 스스로 환경을 만들고 선언하는 것이 필요하다. 자신이 한 약속을 지켜내려는 마음과 의지, 그리고 실천이 보답으로 돌아올 것이라고 믿는다.

글쓰기는 노후까지 이어갈 수 있는 일

어찌 보면 이 글을 쓰는 이유가 바로 이것이다. 내가 되고 싶은 노후 모습, 즉 노후 정체성을 만드는 것이 아닐까? 건강하다면 계속할 수 있는 노후의 일, 바로 글쓰기이다. 난 지금 글을 잘 쓰는 인플루언서는 아니다. 책을 3권째 쓰고 있지만, 글 쓰는 실력이 출중한 것도 아니다. 어찌 보면 아등바등 노력하는 과정의 바로 '나'일 것이다. 하지만 난 앞으로도 계속 나열해나가고 싶다. 그 발자국이 꾸욱꾸욱 남아있게 살아가려고 한다.

블로그를 통해 책 쓰기를 하고 작가가 된 분들이 많다. 이미 많은 성공사례가 있는데 공통점은 책뿐만 아니라 영화, 전문분야까지 다양한 콘텐츠로 매일같이 글을 쓴다는 것이 핵심이다. 바로 꾸준함이다. 네이버 블로그에 인플루언서가 되면 광고비뿐만 아니라 책 출간과 강의까지 이어지는 선순환구조로 이어질 수 있다.

네이버와 구글, 유튜브는 1인 기업 마케팅에서 놓칠 수 없는 부분이다. 우리나라 검색 시장의 점유율은 역시 네이버가 1위다. 작가, 유튜버, 블로거는 이미 직업군이 되었고, 1인 기업으로 확장할 수 있는 개인 플랫폼이다. 스마트스토어로 수익을 내기도 하고 기업 이상으로 수익을 올리는 유튜버도 등장했다. 성장한 유튜브 채널을 사고팔기도 한다.

이미 콘텐츠 정보의 시대다. 이젠 레드오션이라고 생각하는 분들도 있지만, 수요가 많은 시장은 더욱 성장하게 되어 있다. 현재 직업과 더불어 N잡러가 될 수 있는 플랫폼으로 준비해보는 것을 제안한다. 더불어 나이가 들어도 계속할 수 있는 플랫폼이라고 생각하는 나는 노후의 일거리를 만드는 중이다.

네이버 블로그에서 글 쓰는 것만으로도 '나만의 플랫폼'을 가질 수 있다.

4
책 쓰기로
인세 받는 작가

내가 책을 다시 쓰겠다고 마음먹은 것은 이미 오래전부터 입버릇처럼 해온 말이다.

첫 번째 책은 2017년 '돈이 없어도 내가 부동산을 하는 이유', 두 번째 책은 2020년 '부동산 경매 고수 만들기'이다. 두 권 다 내 의지보다는 요청으로 쓰게 된 부동산 경매 경험담을 담은 경매 실무서였다. 당시 첫 번째 책을 쓸 때는 글 쓰는 것과는 거리가 멀게 살아온 세월이라 사실 엄두도 못 냈고, 책을 쓰기로 하고 글을 쓰기 시작했을 때도 어떻게 써야 할지 몰라 '글쓰기' 책을 사서 보기도 하면서 무려 8개월이 걸쳐서 마무리되었다. 그만큼 내게는 글쓰기가 어려운 작업이었다.

하지만 책이 출간되고 나니, 묘한 매력과 마력이 느껴졌다. '힘들게 쓴 책이어서 더욱 애착이 가는 걸까?' 독자들이 유난히 사랑해주었다. 강의하고 나면 책을 들고 와서 "책의 내용을 읽고 있으면 제가 꼭 경매를 하는 것처럼 몰입되고, 책을 다 읽고 나면 경매를 해본 것 같은 생각이 들어서 도움이 많이 되었어요."라며 사인을 요청한다.

그런 얘기를 들으면 나의 힘든 시절이 생각나며 부끄러움과 뿌듯함이 동시에 찾아오곤 했다. '과거의 힘든 시절'이란 것은 시간이 지나면 잊히는 것이 수순인데, 그 시절을 책으로 남겨놓으니, 계속해서 복기가 되면서 자신감도 충만해졌다.

두 번째 책을 쓸 때는 요령이 생겨, 나름대로 글쓰기 목차 정하는 과정과 쓰는 시간을 '4개월'로 계획하고 시작해서 결국 약 5개월 정도 걸쳐 원고를 마무리했다. 2017년, 2020년! 3년의 시차를 두고 두 권의 책이 나오니 왠지 2023년에도 꼭 책을 내고 싶다는 아주 간단한 이유에서 나의 계획은 시작되었다.

글쓰기 환경 다시 만들기

난 두 권의 책을 냈음에도 책을 쓰는 기간 이외에는 글을 지속해서 써오지 않았다. 이유는 아주 간단하다. 글 쓰는 작업이 힘들었기 때문이다. 글에는 단순하게 나의 이야기를 나열하듯 일기 쓰듯 쓰는 것이 아니라 독자에게 전달할 메시지가 있어야 한다고 생각했기 때문이다. '과연 내가 쓰고자 하는 내용이 도움이 될까? 누군가에게 필요한 이야기인가?' 하면서 말이다.

책 쓰고 싶은 마음은 컸고, 그를 위해 꾸준하게 글을 써야 했다. 하지만 나는 생각보다 의지박약하다. 꾸준히 이어가는 것이 어렵다는 것을 너무도 잘 알고 있다. 그래서 특단의 조치를 취했다.

나의 글쓰기 환경 만들기는 3단계로 진행했다.

첫째, 책을 읽기 위해 독서 모임에 들어갔다.

둘째, 생각을 모으기 위해 새벽 걷기를 꾸준히 하며 아침마다 단톡방에 인증했다.

셋째, 유튜브를 꾸준히 올리기 위해 관련 모임에 들어가서 매일 작업을 반복했다.

나는 내가 할 수밖에 없는 환경을 만들어 약속하고 실행하게 했다.

추가로 이번 책 쓰기도 환경 만들기를 결심했을 때, '책 쓰기 모임'을 만났다. 덕분에 2023년도에 책을 출간하자고 던져놓은 나의 목표를 조금 일찍 시작할 수 있는 계기가 되었다. 단지 문제는 글감이었다. 내가 쓰고자 하는 내용은 자기 계발 관련한 나의 변화였기 때문이다. 고민은 그리 길지 않았다. 생각만 한다고 해결되는 것은 없다. 생각한 것을 행동을 옮겼을 때만 결과가 나타난다는 것을 그동안의 경험으로 알고 있었기 때문이다.

그렇게 2022년 8월부터는 새벽 걷기와 글쓰기의 시간대를 조정했다. 새벽 5시 30분부터 6시 30분까지 1시간 동안 줌으로 만나 새벽마다 글쓰기를 했다.

나의 글쓰기에는 의식같이 하는 과정이 있다. 바로 '생각 모으기'이다. 컴퓨터를 켜고 앉는다고 곧바로 글이 써지지 않기 때문에 글쓰기 전에 항상 주제와 관련된 글감 찾기를 먼저 하고 있다. '주제와 관련된 에피소드가 있었나?', '난 누구에게서 영향을 받았나?', '그럼 나는 무엇을 전달하고 싶은 거지?' 등 3가지 정도를 간단하게 생각해 본다.

새벽 걷기 하며 40분 동안 생각을 모으고, 조금 늦은 새벽 5시 30분부터 6시 30분까지 글을 썼다.

책 쓰기 과정에서 출판사 계약까지

책 쓰기 과정은 주제 정하기 ⇨ 경쟁 도서 분석 ⇨ 목차정리 ⇨ 초고 쓰기 ⇨ 기획서 작성 ⇨ 출판사 투고 ⇨ 출판사 계약 ⇨ 퇴고하기 ⇨ 출판의 과정을 거친다. 기획부터 출간까지 빠르면 6개월 보통은 1년 전후로 걸린다.

글 쓰는 시간은 나와의 싸움이다. '초고는 쓰레기다.'라는 말이 있을 정도로 초고 쓴 후에 퇴고까지 몇 번의 고쳐 쓰기의 과정을 거친다. 그 사이에 심적으로 여러 감정을 겪게 된다. 내 이야기를 사람들이 좋아해 줄까? 독자에게 도움이 되는 내용인가? 정말 내가 하고 싶은 내용은 무엇이었지? 질문은 계속된다.

자신의 경험을 정리하고 자료 찾고 완성하는 인고의 과정을 거치면서 많이 성장한다.

책 출간은 많은 장점이 있는데 대표적인 장점 3가지를 정리하면 다음과 같다.

첫째, 나를 브랜딩해서 인지도를 높인다.
둘째, 강의로 이어지고 돈이 들어오는 선순환구조로 바뀔 수 있다.
셋째, 작가라는 타이틀과 함께 인세를 받는다.

인세는 작가의 인지도에 따라 조금씩 다르지만 보통 한 권당 8% 전후로 받는다. 출간된 책 중 '10만 부 기념 골드 에디션'이 나오는 경우, 인세 수입도 세금을 공제하고도 1억 원이 넘는다. 출간 이후 반짝하고 마는 경우도 많지만, 금액을 떠나 책을 팔아 인세를 받는다는 그 자체가 의미 있는 일이다.

최근에는 종이책 대안으로 전자책 출간이 붐처럼 퍼지고 있다. '자청의 초사고 글쓰기' 전자책은 유명하다. 전자책의 가격이 29만 원으로 비싼 가격인데도 불구하고 매출금액이 신고가를 갱신했다는 내용도 쉽게 접할 수 있다.

나도 독서 모임 동생들과 함께 콜라보로 '우리들의 블루스 프롤로그'라는 전자책을 출간했다. 독서 모임을 하면서 1년에 한 번씩 전자책을 출간하자는 포부를 크게 가지며 매년 성장하는 모습을 전자책에 담자고 약속했다. 이렇듯 종이책이나 전자책의 출간은 내가 하는 일에 의미를 갖게 한다. 최선을 다하게 한다. 그리고 기록하게 한다.

책 쓰기의 소재는 정말 다양하다. 주제를 정하기 어려울 때는 현재 자신이 시간을 가장 많이 들이고 있는 일을 우선으로 검토하면 된다. 하루 중 시간을 많이 쓰는 일이 자신이 잘 아는 내용일 테니 그 일의 경험이 누군가에게 도움이 될 수 있기 때문이다.

책을 쓰기 위해서 첫 번째로 해야 할 것이 독서다. 책을 읽고 독후감을 시작으로 글쓰기를 시작해보자. 하루를 마감하는 일기 쓰기여도 좋다. 매일매일 일정한 시간에 쓰면 된다. 쓰는 시간이 늘어나면 그때는 자연스럽게 욕심이 날 것이다. '나도 책 한번 써볼까?'라고 말이다.

책 쓰기는 곧 성장을 의미한다.

5

유튜브로 즐기는
크리에이터

유튜브에 관심을 두게 된 것은 2020년 6월 두 번째 책 '부동산 경매 고수 만들기'를 출간하면서였다. 책 출간을 하면서 책 홍보 활동을 겸하기 위한 목적이 있었다. 이전까지는 유튜브를 시청하는 입장이었지 막상 콘텐츠를 제작하려고 하니, 알아야 할 것들이 많았다. 모든 것이 새로웠다. 새로운 분야를 시작한다는 것은 처음부터 공부해야 한다는 뜻이다.

유튜브 제작과정은 기획, 제작, 편집, 관리, 4단계로 나뉜다.

첫째, 기획은 어떤 내용을 담을지 스토리를 구성하는 단계이다.

둘째, 제작은 영상 녹음하는 과정이다.

셋째, 편집은 녹음한 영상 중에서 불필요한 부분은 잘라내고 자막을 삽입하는 등 구독자가 재미있게 볼 수 있도록 완성도를 높이는 과정이다.

넷째, 관리는 업로드하면서 썸네일이나 제목, 키워드 등 조회 수가 올라가도록 전략적으로 노출시키고 댓글에 대한 답변 등 모니터한다.

열정으로 시작한 유튜브

내 경우 기획에 해당하는 어떤 내용을 담을지 고민하는 시간은 짧았다. 콘텐츠는 부동산 투자와 경매 이야기로 이미 정해져 있었다. 책과 연관 지어 내가 경험한 내용을 이야기로 풀어가면서 정보전달이 목적이었다. 힘들게 원고를 쓰고 출간까지 했으니, 유튜브의 새로운 도전도 즐거웠다. 문제는 녹음과 편집이었다. 처음 시작하다 보니 의욕이 넘쳤다. 욕심내어 1일 1영상 업로드를 하고 싶었기에 편집과정에 시간을 들이고 싶지 않았다.

당시, 고민한 결과는 얼굴은 노출하지 않고 강의할 때 프레젠테이션 준비하듯 정리해서, 화면은 PPT로 동영상 녹음해서 편집 없이 곧바로 유튜브에 업로드했다. 중간에 말을 버벅대더라도, 조금 실수 하더라도 가감 없이 올렸다. 부동산 가격이 계속 상승 중이었던 시기라 관심도가 높아서, 구독자 1,000명, 시청 4,000시간은 생각보다 이른 시간에 달성했고, 광고가 달리기 시작했다. 그리고 구독자 3,000명까지도 빠른 속도로 늘었다.

하지만 시간이 지나면서 고민이 많아졌다. 가장 큰 문제는 부동산 이야기를 불특정 다수에게 말해야 한다는 것이 부담스러워졌다.

부동산 투자는 개인적인 상황을 고려해서 접근해야 하는데, 불특정 다수를 상대로 말한다는 것이 불편했고 급기야는 나 스스로 할 말을 잃어가고 있었다. 할 말을 잃어가니 재미도 없어졌고, 콘텐츠를 만드는 시간이 소모되는 시간으로 여겨지며 매일 올리던 영상을 1주일에 두 번, 1주일에 1번으로 줄어들기 시작했고, 결국 1년 즈음 됐을 때 멈췄다. 이대로는 안 되겠다고 생각했다.

나에게 맞는 콘텐츠를 찾아서

유튜브 시작부터가 단순하게 책 홍보를 해야 한다고 생각했던 것이 문제점이었고, 만약 유튜브를 계속한다면 나에게 맞는 콘텐츠를 다시 찾아야 했다. 과연 나에게 맞는 콘텐츠는 무엇일까 고민 내용을 정리했는데 생각보다 간단했다.

첫째, 내가 정말 즐길 수 있고 나에게 도움이 되는가?
둘째, 소모성이 아니라 계속해서 찾아볼 수 있는 콘텐츠인가?
셋째, 독자에게도 도움이 되는 내용인가?

이런 고민 끝에 찾은 것이 책을 읽고 낭독해주는 '북튜버'였다. 오디오북 관련 시장조사를 해보니 책 일부를 출판사에서 허가를 받아 낭독과 리뷰를 하는 것이 가능했다. 독서는 계속해야 하는 일로 정했기 때문에 '북튜버'가 책과 관련된 분야라서 결정하기 쉬웠다. 책을 읽어주고 리뷰하기, 책 읽기는 시간이 지날수록 지식과 지혜를 얻을 수 있어 독자에게도 나에게도 무조건 도움이 될 거로 생각했다.

독서는 성공한 사람들이 모두 가진 성공 습관이다. 습관은 한 번에 만들어지는 경우는 결코 없다. 꾸준히 계속 이어가야만 습관이 되는 것이므로 책 읽기의 성공 습관은 무조건 만들고 싶었다. 그 장치를 유튜브에서 북튜버로 활동하면 금상첨화라는 결론까지 스스로 내리고 나니 무조건 시작하고 싶어졌다.

북튜버가 되겠다고 마음먹고 나니, 첫 번째로 해결해야 할 것이 저작권이었다. 내가 관심 있는 책을 리뷰해도 되는지 출판사에 메일을 보내기 시작했다. 메일에 답변이 없으면 직접 출판사로 전화를 걸어 낭독 범위를 하나하나 확인해보니, 이것도 출판사미다 달랐다.

한 달 정도 콘텐츠를 만들다 보니, 책 읽고, 저작권 확인하고, 녹음하고, 편집하고 업로드하는 시간까지 너무 오래 걸렸다. '와~~ 이렇게 많은 시간을 갈아 넣어 영혼의 작업을 과연 계속할 수 있을까?' 의문이 들기 시작했다.

그렇다면 기존에 활동하고 있는 북튜버는 어떤 시스템으로 진행하는지 궁금해졌고, 관련 모임을 찾기 시작했다. 그러다 찾은 곳이 '우리는 북튜버다'라는 카페였다. 그곳은 출판사와 연계하여 책의 저작권 부분을 어느 정도 해소해주고 있었다. 완전히 감사한 마음으로 그곳에서 하는 강의를 듣고 활동을 시작했다.

드디어 즐길 거리를 찾았다

시행착오를 계속 겪으면서, 현재는 '미소영 미소생각' 채널에서 '하루 10분 책 읽기'라는 타이틀로 영상을 제작하고 있다. 앞에 부동산 관련 콘텐츠를 다뤘을 때와 다른 점은 내가 제작한 영상을 자주 듣는다는 점이다. 산책할 때나 잠자리에 들 때 이동할 때가 주로 듣는 시간이고, 갑자기 책 관련 내용이 궁금해질 때도 내 채널에서 검색해서 다시 듣는다.

내가 만든 영상을 듣는 것이 처음에는 오글거렸지만, 시간이 지날수록 듣기 편하게 조금씩 진화하고 있다. 1년 전의 영상과 지금의 영상을 비교해서 들으면 변화가 확연히 느껴진다. 과거 영상이 어설퍼서 듣기 간지럽기도 하지만, 이 또한 성장 과정이라고 시각을 바꾸니 풋풋함으로 다가왔다. 과거의 모습을 인정하고 지금의 모습 그리고 미래의 모습도 하나의 연장선상에서 기대할 수 있어 좋다.

최근에 책 읽고 필사하고 녹음하고 영상 올리는 작업을 매일 하고 있다. 저녁 식사하면서 남편이 나를 보고 "유튜브하는 게 재미있어?"라고 묻는다. 나는 "응, 정말 재미있어. 매일 같이 책 읽는 것도 좋고, 책 읽은 것을 필사하는 것도 좋고, 그리고 녹음해서 올리고 나서 구독자들의 반응을 보는 것도 좋아. 그리고 요즘 내가 올린 영상으로 내 목소리 듣는 것이 좋아졌어."라고 말하니, "하기야 네가 좋으니까 매일 영상을 올리겠지."라며 응원을 해준다.

아직은 초보 유튜버이지만, 유튜브 크리에이터에 도전해보라고 하는 이유는 바로 나만의 즐길 거리를 찾아보라는 것이다. 유튜브가 본사라면 개인 유튜브는 가맹점주로 비유할 수 있다. 단 다른 프랜차이즈처럼 업종을 정해주지 않는다. 콘텐츠 내용은 다양하게 스스로가 정한다. '내가 만든 영상을 누가 보겠어.'라고 생각할 수도 있지만 본다. 누구라도 본다.

자신의 플랫폼에서 소리를 내보자. 좀 더 커지면 사회에 영향력을 행사할 수도 있다. 유튜브 채널이 성장하면 자연스럽게 책 출간 제의가 들어오고 책 쓰기를 통해 또다시 선순환구조로 갈 수 있다. 앞으로는 자신의 플랫폼을 갖고 있느냐 아니냐가 개인의 성장에 분명 도움이 될 거로 생각한다. 글쓰기는 네이버 블로그를 제안했듯, 크리에이터를 꿈꾼다면 유튜브를 추천한다.

유튜브는 유튜버가 올린 영상으로 돈을 벌 기회를 주고 있다. 사람의 본성은 돈이 흐르는 곳으로 관심을 갖는다. 유튜브는 이런 사람의 본성을 이용해서 돈을 벌 수 있는 환경을 만들어 시장에 참여하게 하고 있다.

내 시간을 보상해주는 유튜브! 유듀브에 올릴 수 있는 콘텐츠는 유해한 것 빼고는 제한이 없다. 자신이 좋아하는 것을 주제로 '나만의 플랫폼'을 만들어 갈 수 있다. 향후 또 어떤 패러다임으로 플랫폼 시장이 새롭게 변화할지 모르지만, 유튜버로서의 경험이 그다음으로 다가올 패러다임에 적응하기도 쉽지 않을까 한다. 현재 유튜브는 대세 중의 대세다.

유튜브의 콘텐츠는 무궁무진하다. 자신의 현재 모습에서 찾으면 되기에 조금의 배움 과정만 있다면 누구나 도전해 볼 수 있다. 유튜브를 알게 되면, 오디오콘텐츠, 틱톡, 라이브 커머스 등 다른 매체와 결합하기도 수월해진다. 그리고 새롭게 화두가 되는 메타버스 세상까지 검토할 수 있지 않을까?

새로운 도전과 지금의 경험은 미래의 나를 만든다.

6

투자로 월세 받는 건물주

내가 처음 투자할 때 월세 받는 이유는 그동안의 자영업의 삶을 마무리하고 싶어서였다. 치킨집으로 자영업 생활 7년 차였고, 당시 가진 부동산은 실거주 집 한 채, 현금 4천만 원이었다. 자금으로 보았을 때, 난 아무것도 시도할 수 없는 열악한 상황이었다. 하지만 시간을 담보로 생활하는 자영업의 삶을 마무리하고 싶은 마음이 간절했다. 부동산에서 월세를 받고 싶어 하는 이유는 보통 세 가지다.

첫째, 직장을 그만두고 싶어서.
둘째, 생활비에 충당하거나 여유자금을 만들고 싶어서.
셋째, 노후 대책으로 부동산을 이용하고 싶어서.

월세 받는 임대인이 되고 싶었다

'부동산은 어떻게 시작해야 하는 거지?'

우선 집에 있는 몇 권 안 되는 부동산 관련 책을 꺼내어 읽기 시작했다. 책을 읽으면서 부동산을 매입하는 방법으로 매매와 경매 두 가지가 있다는 것을 알게 되었다. 매매는 현재 형성되고 있는 시세에서 저렴한 물건을 골라 사는 방법이고, 경매는 법원에 낙찰받는 방법이다. 두 방법은 접근하는 방식 자체가 달랐다. 더 어렵고 공부를 더 많이 해야 하는 방법은 경매였다. 사실 나는 자금이 너무 없었기 때문에 곧바로 매매를 할 수 있는 여건이 아니어서 자연스럽게 '경매'라는 분야는 어떤 것인지 더 관심을 두게 되었다. 경매를 선택한 이유는 크게 두 가지다.

첫째, 공부해야 접근할 수 있는 그들만의 리그다. 경매는 권리분석을 통해 물건을 골라내야 하고, 점유자를 내보내는 명도라는 절차가 있어 하나의 관문을 넘어야 한다.

둘째, 현재 시세보다 저렴하게 살 수 있다. 경매 입찰자는 경매 절차상의 어려움을 해결해야 하므로 그에 대한 보상으로 시세보다 저렴하게 입찰해서 확정 수익이라는 부분을 확보해서 수익률을 높이려고 한다.

당시 보유하고 있는 부동산은 아파트 1채였다. 그것도 분양받은 집에서 계속 살고 있었기 때문에 매매에 대한 경험이 전무한 상태였다. 1998년 분양받은 집에 입주할 시점에 IMF가 터지면서 금리가 폭등하고 대출이자 부담이 높아졌다. 분양받은 집이었기에 큰 하락은 없었지만, 실거주 집을 마련 후 부동산 경기가 침체한 것을 보니, 부동산에 관한 관심이 저절로 없어졌고 투자와는 거리가 먼 생활을 했다. 투자는 싸게 사서 비싸게 팔아야 한다는 말은 들었지만 어떻게 해야 하는지는 몰랐다. 싸게 산다는 개념으로 부동산을 바라보니, 경매를 자연스럽게 우선으로 공부하게 되었다.

경매, 월세 받는 부동산으로 시작했다

'경매'라는 단어에 관심을 가지며, 경매 공부의 필수인 권리 분석하는 수업에 등록했다.

일주일에 단 하루도 쉬는 날이 없었기에, 토요일 오후 1시~4시까지 3시간 듣는 수업을 결정하는 것도 내게는 큰 용기였다. 경매 공책을 만들어 내가 이해하기 쉽도록 압축해서 기록을 하고 어디든지 들고 다니면서 외웠다. 거의 1년의 세월을 그렇게 보냈다.

말도 안 되는 적은 투자금으로 어떻게 부동산 투자를 할 수 있을까? 이것이 나의 가장 큰 고민이었다. 공부하다 보니 경매는 '경락잔금대출'이라고 해서 경매로 낙찰받은 물건에 한해 대출해주는 특판 상품이 있다는 것을 알게 되었다. 경매로 실제 가격보다 저렴하게 받으면 낙찰된 금액에서 80% 대출이 가능하고, 최대 90%까지 나오는 일도 있다는 것이다.

나의 첫 번째 목표는 월세 받을 수 있는 부동산에 접근하는 것이었다. 자영업의 생활을 마무리하고 그다음에 지속해서 할 수 있는 일을 찾고 있었고, 자영업을 그만두었을 때 누군가가 나에게 돈을 주는 구조를 만들고 싶었다. 남편의 월급에서 야금야금 돈을 쓸 수는 없었다. 내

활동비는 내가 만들어 놓고 자영업을 마무리 하는 것이 나의 목표였다.

월세 200만 원 들어오는 구조를 만들자. 기간은 3년, 자영업을 그만두는 시기는 자영업 시작한 지 10년이 되는 2016년 8월로 정했다. 2013년 봄에 시작했으니, 나에게는 3년이라는 시간이 주어졌다. 3년 안에 월세 200만 원 들어오는 구조를 만들면 난 자신 있게 부동산 투자를 이어갈 수 있을 거로 생각했다.

그렇게 목표를 정하고 나니, 소액이지만 경락 대출을 이용해서 실제 투자되는 금액을 최소화하는 방법으로 낙찰받기로 방향을 정했다. 종목으로는 지어진 지 얼마 안 되는 빌라(다세대)를 대상으로 했다. 이유는 신축된 지 얼마 안 되는 빌라는 감정가가 높고 낙찰가격이 낮아 상대적으로 대출을 활용하기가 좋았고, 낙찰 이후 월세 보증금 2,000만 원으로 임차인을 들이면 실제 투자금이 거의 회수되어 투자금이 그대로 남게 되기 때문이다.

그렇게 경매 입찰대상을 정하고 나니, 이젠 행동만 남았다.

드디어 첫 낙찰! 처음 낙찰되었을 때를 잊을 수가 없다. 낙찰자에 내 이름이 불리기 직전부터 내 가슴은 요동치고 있었다. 설마 내가 낙찰된 것일까? 가슴에 두 손을 얹고 기다리는 순간은 주변의 소리는 들리지도 않았다. 너무 긴장하고 있었던 것! '낙찰자 안신영'이라고 불리는 순간이었다. 보증금 영수증 한 장을 받아서 나오는데, 대출 중개사분들이 내게로 다가와 나의 연락처를 알려달라고 했다.

법원 밖으로 나와 벤치에 앉아 전화를 걸었다. 남편에게 "나, 낙찰받았어."라고 얘기하는 내 목소리는 떨렸다. 그 뒤에 명도까지의 절차를 밟으며, 기존 세입자와 재계약을 하게 되었다. 임대차 계약을 하기 직전 월세 통장을 하나 만들었다. 첫 번째 월세 통장에 월세가 입금되었다. 40만 원이 찍힌 월세 통장을 보며 '그래, 이렇게 3년 안에 10개만 만들자!'라고 다짐했다.

3년 안에 월세 통장 10개 만들자

월세 통장에 계속 월세를 쌓아 가는 데 한계가 있었다. 대출 원금은 만기 때 갚고, 대출이자만 낼 수 있었던 거치식이 이젠 원금과 이자를 동시에 상환해야 하는 구조로 바뀌었기 때문이다. 월세 받는 금액에서 원금과 이자를 내고 나면 사실상 남는 것이 없다. 결국 나는 임대차 만기가 되는 시점에서 월세를 전세로 전환하거나 매도를 했다.

대출을 이용해서 월세를 계속 받는 구조를 이어가려면 이자만 내는 거치식이 가능한 대출을 이용해야 했다. 그 대상은 주거용이 아닌 비주거용 부동산이다. 비주거용으로는 상가나 빌딩이다. 업무용 오피스텔이나 지식산업센터도 있지만 차후 매도가 가능할지 매도 시점의 수요자를 검토해 보니 매도할 자신이 없었다. 보유하고 있을 때 시세 상승이나 매도 시 어려움을 감안하면 상가나 꼬마빌딩처럼 땅과 건물을 모두 소유하는 부동산으로 접근하는 것이 장기적으로 땅의 가치 상승으로 시세차익도 기대할 수 있다고 생각했다.

재테크 카페에서 함께 공부하는 지인들을 보면, 10년 단위로 보유하고 있는 주거용 부동산을 정리해서 월세 받을 수 있는 건물로 갈아타는 경우를 많이 볼 수 있다. 가장 쉽게 접근하는 가격대는 10억대의 근린상가 건물이다. 10억대 건물은 수도권과 지방에서는 상권을 낀 호수공원이나 대학가 인근 건물에서 쉽게 찾아볼 수 있다.

부동산 가격이 높다 보니 지역선정을 위한 수요와 상권 공부에 더 집중해야 한다. 1순위로 보는 지역은 역시 강남이고, 그다음에는 향후 개발 가능한 지역에서 상대적으로 땅값이 저렴한 지역을 검토한다. 인기가 많은 곳은 한강을 낀 강북의 마포, 용산, 성수동이다.

2023년 1월 2040서울 도시기본계획이 공지됐다. 2040년까지 서울시의 청사진을 그려볼 수 있으니, 재미 삼아 검토해 보는 것도 추천한다. 자료는 서울시 인터넷 홈페이시에 들어가면 다운받아 볼 수 있다.

자금 여력에 따라 10억대를 시작으로 20억~30억대, 그다음엔 50억대로 고려하는 분들을 많이 봤다. 특히 월세 받는 건물은 대출을 대부분 이용하기 때문에 '저금리'일 때 거래가 활발해진다. 수익률로 건물의 가격을 보기 때문에 고금리일 때는 상대적으로 수익률이 낮아 거래가 힘들어진다. 반대로 정리하면 저가에 매수할 수 있는 시기는 금리가 높을 때이기도 하다.

노후 포트폴리오에 '월세 받는 임대인'이 아니라 '월세 받는 건물주'라고 넣어보자.

7

주식은 여윳돈

부동산 재테크를 하려고 처음 입문할 때 가장 먼저 해야 할 것이 현재 상황을 점검하는 것이다. 현재 자산의 상황에서 실거주 집이 있는지와 이사계획 그리고 현금화 가능한 금액이 얼마인지를 우선 확인한다. 여기서 현금화 가능한 자산으로 주식을 보유하는 경우가 많다.

주식으로 수익을 남기는 사람들을 볼 때마다 생각했던 것이 나도 주식을 한번 해보고 싶다였다. 주식의 '주'자도 모르니 유동성 장에서 주식투자를 해야 한다고 해도 도대체 움직일 수가 없었다. 현금화 가능한 자산으로 주식을 이용하면 어떨까 고민만 하다가 공부할 기회가 드디어 왔다.

주식투자 책으로 배웠다

안식년에 주식 공부를 우선으로 계획했다. 그와 더불어 메타버스, 암호 화폐 NFT 등 당시 이슈가 되고 있는 것은 다 공부하고 싶었다. 그래서 월별로 주제를 갖고 관련 책을 읽기 시작했다. 1월에는 메타버스, 2월에는 암호 화폐와 NFT, 3월에는 주식, 4월에는 빌딩, 5월에는 법인 운영, 6월에는 다시 주식 공부를 했다. 주식 관련 책을 10권 정도 읽었을 때 느낀 점은 책을 읽는다고 곧바로 투자할 수는 없다는 것이다. 좀더 시간 투자를 해야 하는데 자신이 없었다.

특히 주식투자를 할 때 중요한 것이 기업에 대한 분석이라고 하는데 솔직히 그 많은 기업을 분석해서 성장 가능성이 큰 기업을 골라 투자해야 한다는 부분이 부담되었다. 결정적으로 가장 어려운 것이 단타였다. 주식 단타 투자가 나와 맞지 않다고 생각한 이유는

첫째, 주식 투자 방법이 다양해서 투자기준을 잡기 어렵다.
둘째, 매일 실시간으로 주식 차트를 보는 행위 자체가 조급함을 키우게 된다.
셋째, 기업분석이 어렵다.

공부하기 전에 국내 기업 중 내가 가장 사용하고 있는 제품이 많은 기업을 골라 주식을 몇 주씩 샀었다. 네이버, SK하이닉스, 현대차, 삼성전자 등 국내 기업 중 당시 시가 총액이 높은 기업들이었다. 이 또한 분석하기보다 개인적인 선호도에 따른 선택이었다. 하지만 이런 기업의 주식도 현재 마이너스이다. 얼마 안 되는 금액이지만 공부해서 주식

투자 하는 것은 나에게는 어렵게 여겨졌다. 결국 여기서 포기해야 하는 아쉬움이 컸다.

우리 부부의 자산은 80%가 부동산에 집중되어 있었기 때문에 차츰 분산이 필요했다. 현금화가 쉬운 주식도 하고 싶은 마음이 컸다. 앞으로 10년 후 현금으로 꺼내 쓸 통장을 만들고 싶었다. 또한 재테크를 위해 부동산과 주식 동향을 함께 알고 싶은 마음도 컸다. 또 기업의 주주로서 주인의식이라는 것이 무엇인지도 느껴보고 싶었다. 그렇게 고민하면서 주식 관련 책을 읽고서 나만의 투자 방법을 우선 찾았다. 바로 개별기업의 주식을 사는 것이 아닌 시장 전체에 투자하는 방식이다. 바로 ETF다.

드디어 주식을 샀다

ETF(Exchange Traded Fund)는 상장지수 펀드라고 한다. 펀드이지만 주식처럼 자유롭게 사고팔 수 있고 소액으로 분산투자할 수 있다. 그리고 실시간으로 매매도 가능해서 환금성이 좋고, 매도 수수료가 저렴하다. 그렇게 꼼꼼히 챙겨보고, 시가 총액이 가장 높은 회사에 투자하는 ETF 상품으로 결정했다. 특히 미국 주식 S&P500을 매월 일정 금액 적금처럼 사기 시작했다.

미국 주식 ETF를 사는 것은 나에겐 여윳돈을 보관하는 비상금 통장을 만드는 것이다. 10년 정도 꾸준히 사서 원금 1억 원 이상의 주식 보유하는 계획을 세웠다. 2023년 1월 현재는 나의 주식 수익률은 미국 주식은 -5%, 국내 주식은 -14%이다. 매달 적금식으로 2022년에 넣은 금액은 약 900만 원 정도로 소액이지만, 마이너스를 보니 선뜻 추가 매수를 못 하고 있다. 이럴 때 무엇을 해야 할지 고민도 하면서 공부하고 있다.

마이너스 수익률이지만 소액이라도 주식에 돈을 넣어두니, 주식 동향에 관심을 두게 되고, 아침마다 신문을 보며, 환율과 코스피 지수, 코스닥지수, 국고채금리 등 주요 지수를 챙겨보게 된다. 시행착오는 초보자일 때 많이 한다. 하지만 과정을 반복하며 한 단계씩 올라가다 보면, 주식의 흐름도 보는 눈이 생길 거라 믿는다.

메타버스, 암호 화폐, 코인, NFT 등 앞으로 새롭게 등장할 세상의 변화를 공부하는 경험은 좋은 시간이었지만, 부동산에 주식을 하나 추가한 것으로 만족하기로 했다. 특히 주식 공부를 하다 보니, 역시 주식보다는 부동산 투자가 더 쉽고 안전해 보였다. 하지만 이 역시 내가 주식에 관한 공부가 부족한 현재의 생각이므로 관심을 놓지 않고 주식 공부를 하다 보면 나의 시각도 달라질 수 있을 것이다.

부동산은 사고파는 것이 1년, 2년, 4년 등 연 단위로 검토하면 되는데, 주식은 1일, 1주, 1개월, 1년 간격으로 사고파는 시간이 너무 짧고, 계속해서 차트를 보게 되고 전략을 세워야 한다. 한시도 컴퓨터나 핸드폰의 화면에서 눈을 뗄 수가 없었다. 삶의 질이 낮아짐이 느껴지고, 조급증이 생길 수 있을 것 같았다. 이런 방식은 나의 성향에도 맞지 않아 스트레스받는 것은 자명한 사실이다. 주식 초보인 지금은 10년 동안 현금으로 원금 1억 원 적금을 목표로 ETF S&P500으로 시작한다.

주식통장의 활용 목적은 노후에 언제든지 꺼내 쓸 수 있는 여윳돈 '비상금 통장'이다.

8

정체성은 내가 찾는다

정체성을 찾는다는 것은 내가 잘하는 것과 하고 싶은 것을 접목하면 좋은데, 스스로 찾아지지 않는 경우가 많다. 나는 이럴 때, '만약 이거 어떨까? 해보고 싶은데.'라는 생각이 든다면 망설이지 말고 시도해보라고 말하고 싶다. 일단 해보는 거다. 그 결과는 자연스럽게 따라오게 된다. '해보고 싶다.'라는 생각이 들었다면 우선 배워야 한다. 배움을 하려고 관련 책, 강의, 커뮤니티를 찾다 보면 당신은 놀랄 것이다. 나는 처음인 이것이, 이미 많은 사람이 과거에서부터 지금까지 해오고 있었음을, 나는 초보인데 이미 고수가 된 사람이 많다는 것을 알게 된다.

처음 시도해보는 것에는 항상 기대와 두려움이 함께 짝지어 다닌다. 배우면서 기대가 더해지면 두려움은 차츰 사라질 것이고, 두려움이 가중되면 기대보다는 걱정이 더 커진다. 내가 무엇이 되고 싶다고 생각했을 때, 정체성을 갖고 싶을 때 쉽게 접근하는 방법이 있다.

첫째, 롤 모델을 찾는다. 내가 닮고 싶은 모델을 찾을 때 책이나 미디어를 통해 찾아보는 것이다. 해당 분야에서 성공한 사람들을 기준으로 찾다 보면 나의 정서와 내가 생각하는 가치와 비슷한 분을 만나게 된다. 내가 닮고 싶다고 생각한 모델 한 명을 찾는다.

둘째, 롤 모델과 관련된 흔적을 찾아본다. 출간한 책이 있다면 책을 정독한다. 처음부터 끝까지 어떤 방식으로 성장했는지 모니터한다.

셋째, 롤 모델의 행동을 모니터한다. 롤 모델의 상황과 나의 상황을 비교해 보고 처음에 곧바로 시작할 수 있는 것이 무엇인지 방법을 찾는다. 단계별로 성장 패턴이 있었다면 기록하고 내게 적용점을 찾아 곧바로 실행에 옮긴다.

한 가지 행동이면 충분하다

정체성을 갖기 위해서는 일단 '의지'를 갖는 것이 중요하다. '의지'가 있느냐 없느냐에 따라 행동이 달라지기 때문이다. 정말 닮고 싶은 모델인데 흔적을 찾다 보면 '나도 할 수 있을 것 같아.'라는 마음이 드는 순간이 있다. 그때는 그 순간을 흘려보내지 말고 곧바로 행동 한 가지를 정해 그날부터 시작한다. 작심삼일이 되어도 상관없다. 일단 실천해보는 것이 중요하다. 머릿속으로 생각만 하는 것과 아주 작은 것이라도 일단 시작하는 것은 결과에 큰 차이가 있다. 결과는 행동으로 옮기지 않으면 절대로 나올 수 없기 때문이다.

처음부터 혼자 완벽하게 할 수는 없다. 특히 내가 하고 싶은 일을 찾을 때는 더욱 그렇다. 자기 생각으로만 결정하려고 하면, 자신의 경험에 국한하게 된다. 이때는 사고의 확장이 필요하다.

사고의 확장으로 가장 좋은 방법은 독서다. 다양한 책을 읽다 보면, 그동안 자신의 세상은 작은 우물이었다는 것을 알게 된다. 그 작은 우물 밖으로 나오려면 용기가 필요하다. 이유는 그동안 하지 않았던 행동을 해야 하기 때문이다. 새로운 행동은 두려움, 어려움, 귀찮음이 따라올 수 있다. 꾸준히 행동하다가, 어느 시점에서 '이렇게 하는 게 맞아?'라는 의문이 들기 시작하고 믿음이 부족해지면 곧바로 행동을 제한하게 된다.

꾸준히 이어갈 인맥 만들기

여기서 환경 장치가 필요하다. 내 경우를 들어 설명하면, 부동산 경매를 시작하고자 하는 마음이 들었을 때, 경매 강의와 카페를 찾았다. 책을 통해 얻고 싶다고 생각했을 때, 독서 모임에 들어갔다. 유튜브로 할 것이 없을까 고민하고 북튜버를 해보고 싶다고 마음이 들었을 때 우리는 북튜버다 카페를 발견했다.

내가 영상을 꾸준히 올릴 수 있을까 고민이 되었을 때, 챌린저를 하는 단톡방에 들어갔다. 내 목소리의 발음이나 호흡에 부족함을 느꼈을 때 낭독 연구소를 찾았다. 책을 쓰고 싶다는 마음이 들었을 때는 책 쓰기 모임을 발견했다.

하고자 하는 의지만 있으면, 무엇이든 찾아낼 수 있다. 나만 해보지 않았을 뿐, 이미 세상에는 거의 모든 것이 진행되고 있다. 그중에 어느 세상으로 들어갈 것인지 내가 정하면 된다. 정해지면 그곳에서 꾸준히 최소 6개월, 가능하면 1년 동안 활동해보라고 권한다. 혼자서 하면 짧게는 일주일 길게는 한 달 정도 되면 지루해지고 느슨해지고 미루게 된다.

열심히, 매일 실천하는 집단에 들어가 있으면 경쟁심도 생기고 의지도 생긴다. 난 의지를 계속해서 갖게 하고 싶어서 커뮤니티에 들어간다. 자발적으로……

그리고 또 좋은 점은 내가 관심 있는 분야의 사람들과 대화를 할 수 있다는 장점이 있다. 함께 사는 가족도 부부도 성향이 참 아주 다르다. 생각하는 방향이 같아서 이야기꽃을 피우면 좋으련만, 그건 희망 사항일 뿐이다. 생각하는 주제가 같으면 대화를 해도 해도 소재거리가 계속 생긴다. 함께 얘기를 나누면 시간이 금방 지나가 버린다.

"벌써 시간이 이렇게 되었어."

정체성은 시간이다

무엇인가 하고 있는데, 시간 가는 줄 몰랐던 것, 몰입해서 한 시간이 한순간처럼 여겨진다면 잘 찾은 거다. 내 시간이 지루하게 흐르면 안 된다고 생각한다. 휴식하고 싶어 느리게 가는 시간과 하기 싫어서 지루하게 가는 시간은 완전히 다르다. 구분해야 한다.

정체성은 시간이 순식간에 가는 것이라고 말하고 싶다. 이를테면 이걸 하고 있으면 시간이 너무 빨리 지나가. '아, 시간이 좀 더 있었으면 좋겠어.'라고 생각하는 것이다. 맞다. 이런 직업을 찾아야 한다.

직장이 아닌 직업군을 찾아내면 그 안에서도 쪼개서 할 수 있는 것이 많고 그 분야에서 전문가가 되기는 더욱 쉬워진다. 찾으려면 어떻게 해야 할까? 맞다. 생각나면 곧바로 실행으로 옮겨보는 것이 가장 첫 번째 할 일이다. 생각을 실행으로, 실행은 배움, 적용, 습관의 단계로 이어간다.

나의 정체성은 하나가 아닌 여러 개 가지면 어떨까? 요즘은 N잡러 시대이다. 찾아내자. 내 안에 숨어있는, 아직 찾지 못한, 아직 인지하고 있지 못한, 나만의 정체성을 찾아내 보자. 실행하자. 혹시 하다 못 한다고 해도 노력하면 얻을 것은 있어도 잃은 것은 없지 않은가?

잃을 게 없으니 일단 행동으로 옮기자. 해보는 거다.

5장

노후, 근로는 멈추어도 투자는 계속되어야 한다

1

나만의
투자원칙을 세우자

"자산 증식은 얼마나 하셨나요?"
"현재 보유자산은 얼마나 되나요?"
"어느 지역에 부동산을 보유하고 있나요?"

보통 평가하려고 할 때, 수치를 기준으로 삼으려고 한다.
'과연 얼마가 기준일까, 무엇을 기준으로 평가를 할까?'

부동산을 기준으로 평가하려고 하면, 나도 모르게 의기소침해진다. 어깨가 처지는 것을 느끼게 된다. 지난 부동산 상승장에서 자산 증식을 크게 한 지인들이 많으므로 비교 선반 위에 나란히 놓고 줄을 세우는 기분이 들었다. 아마도 나의 자격지심이었을 수도 있다. 나 스스로 선반 위로 기어 올라가 앉았던 것 같다. 그것도 맨 뒤 자리에! 남들과의 비교를 기준으로 잣대를 들이밀며 스스로를 평가하는 감정은 소모적이고 정말 불필요하다는 것을 뒤늦게 알게 된다.

자신 스스로를 평가할 때, 내 안에 있는 나를 들여다보아야 한다. 비교는 타인과 하는 것이 아니라 나의 과거와 지금을 비교해야 한다. 몇 년 전과 비교해 스스로 성장했다면 그것만으로도 충분히 박수를 받아야 한다. 자신에게 수고했다고 칭찬해주어야 한다. 스스로 자존감을 내려놓으면 안 된다.

부동산, 개발 사이클을 알아야 한다

자영업을 그만두기 위한 대안으로 '부동산'만 바라보고, 부동산 경매를 시작한 지 3년 되던 해에 10년 동안 해왔던 자영업을 과감하게 접었다. 그때가 2016년이었다. 2013년부터 부동산 투자를 시작했으니, 2022년은 10년이 되는 해였다.

처음 시작할 때 너무 소액의 자금으로 출발선에 서니 자금을 키우기 위해 올라가야 할 언덕이 너무 길고 지루하고 힘들었다. 그런데도 부동산 재테크를 시작하지 않았다면, 나는 지금도 하루하루 노동의 시간으로 자영업을 계속하고 있을 가능성이 크다. 그동안 해오던 직업을 그만두거나 직업을 바꾼다는 것은 큰 용기와 결단이 필요하다. 사실 생각하고 행동으로 옮기는 사람들은 극히 드물다. 왜냐하면 안전하고 편한 길로 가고 싶은 것이 사람의 마음이니까.

새롭게 시작하려면 또다시 공들여 시간을 투자해야 한다. 그 인내의 시간을 즐겨야만 속도가 빨리 지나간다. 10년이 1년 같을 수도 1년이 10년 같을 수도 있는 것은 내 마음에 달려있다. 2013년부터 2022년! 10년 동안 경매, 매매, 분양권, 재건축, 재개발, 소규모정비사업 등의 과정을 보면서 부동산은 '개발의 사이클'을 아는 것이 중요하다는 것을 알게 되었다.

처음 시작할 때는 경매로 아파트나 빌라 등 주택을 사고팔면서 시세차익을 남기는 것이 그나마 가장 쉬운 투자 방법이다. 특히 아파트는 매도가 쉽다. 꼭 팔아야 하는 상황이라면 가격을 조정하면 거래가 가능하다. 대한민국에서 전 국민이 가장 선호하는 주거상품이기 때문이다. 그다음에는 빌라이다. 빌라는 월세가 목적이라면 수리 없이 관리가 수월한 신축을, 시세차익이 목적이라면 개발이 가능한 연식이 오래된 구축으로 접근한다.

부동산 시장이 바닥이었다가 상승장에 도입하면 건설사들이 분양하기 시작한다. 건설사들은 이익이 남아야 움직인다. 분양가를 최대로 높여서 분양할 수 있는 시기에 적극적으로 참여한다. 이때는 초기 분양권을 노리는 것이 유리하다.

건설사가 뛰어들고 분양이 완판되기 시작하면 재건축 아파트 시장으로 사람들의 관심이 높아지고 신축이 될 수 있는 구축 아파트 거래가 활발해진다. 만약 재건축이 어려운 단지는 리모델링으로 주변의 단독주택 빌라 등 노후도가 높은 지역은 재개발이 활성화된다.

부동산은 대부분 1등에서 2등, 3등 주요 지역에서 퍼져나간다. 이것을 순환매라고 한다. 주택시장은 서울의 주요 지역이 움직이면 그 주변 지역으로 가격의 흐름이 퍼져나간다. 만약 과열되는 분위기가 조성되면 정부는 규제를 시작한다. 투자자들은 규제를 피할 수 있는 틈새시장으로 계속 움직인다.

예를 들어, 주택시장의 부동산 가격이 상승하면, 정부는 다주택자들에게 세금 중과와 대출 제약으로 주택의 규제를 심하게 한다. 하지만 규제한다고 시장에 풀려있는 유동성 자금이 멈추지 않는다. 다른 투자처를 찾아 떠난다. 주택에 대한 세금과 대출 규제가 심해지면 자금의 여력이 있는 투자자들은 주택에서 비주거 종목으로 눈을 돌린다. 오피스텔, 상가, 꼬마빌딩, 오피스빌딩 등 대출의 레버리지를 최대로 활용할 수 있는 곳으로 움직인다. 또한 생활형숙박시설, 지식산업센터, 아파텔 등 조금 더 다양한 종목이 등장한다. 결국 비주거용 부동산의 거래량이 활발해지면 매매가격 상승이 뒤따라간다. 이처럼 수요가 있는 곳에 건설사의 공급이, 규제를 피하는 상품에서 레버리지를 충분히 활용하는 종목에는 투자자의 수요가 적절히 시소를 타며 이어진다.

그동안 나는 아파트와 빌라를 사고팔면서 자산을 키워왔다. 부동산 투자를 한다고 전 종목을 다양하게 접근할 필요는 없다. 자신의 상황에 맞게, 자신이 잘할 수 있는 곳에 투자기준을 세우고 한 단계씩 올라가면 된다. 자신의 주 종목을 정하고 행동하면, 사고팔고 하는 과정에서 경험이 늘어난다. 나의 경우, 처음에는 소액으로 접근 가능한 부동산을 찾아 국내의 곳곳으로 임장을 다니며 여행도 했다. 경험이 쌓이니, 과거에는 내가 살고 있던 지역만 눈에 들어왔다면 이제는 전국의 지도를 펼치면 입체적으로 보인다.

부동산 투자 기준 검토하기

소액으로 투자할 때는 개수가 중요했다. 적은 돈으로 금액이 적은 주택과 중심지역에서 멀리 있는 지역, 사람들이 덜 보는 주택을 선택할수밖에 없었다. 하지만 자금이 모이면 부동산의 개수보다 보유하는 가치가 있느냐 없느냐로 기준이 바뀌게 된다. 부동산의 가격도 높은 금액으로 이동하게 되고, 보유기간도 길어지게 된다. 그만큼 여유가 생기는것이다.

보유하는 기간을 길게 갈 수 있는 부동산을 사려면, 부동산의 개발 사이클을 중심으로 보면서 지역과 종목을 검토하면 선점할 수 있게 된다.

처음 부동산 재테크를 시작할 때는 바로 앞에 놓인 과제를 풀 듯 한 치 앞만 보였다면, 부동산 분야에서 10년 정도 경험을 쌓다 보니, 이제는 방향을 잡고 움직여야 한다는 것을 알게 되었다. 이때 필요한 것이 나만의 기준이다.

"누가 어느 지역에 어떤 아파트를 샀더라, 거기 말고 여기에 지금 들어가면 좋다고 하던데."라는 카더라 통신에 휘둘리지 않기 위해서다. 아무리 자신의 기준을 정한다고 해도 수익률이 높다더라는 유혹은 마음을 갈대로 만들어 버린다.

자신의 확신 없이 카더라 통신을 믿고 하는 경우, 99%는 후회하게된다. 그러므로 행동하기 전에 해당 분야에 관한 공부는 필수이고, 자신의 상황에 맞는 기준을 정리해보는 것이 중요하다. 투자원칙은 시간이 지남에 따라 조금씩 변할 수 있다. 그래도 기준을 정리하면 '흔들리는 갈대'가 되지 않을 수 있다. 자신의 투자원칙을 정리하면, 행동으로옮기기가 수월해진다. 고민은 신중하게 하되, 방향이 결정되면 행동은신속하게 해야 한다.

투자기준과 원칙도 세부적으로 만들 수 있다.

큰 틀에서 나만의 투자원칙과 기준을 정리하면 다음과 같다.

1) 투자원칙
- 돈을 벌어 시간을 산다.
- 실투자금은 최소화한다.
- 매수는 경매를 적극적으로 이용한다.
- 매도 시 추가 수익은 욕심내지 않는다.
- 노후로 갈수록 부동산 개수는 줄인다.
- 노후에는 대출 없이 실거주 주택과 건물을 보유한다.

2) 투자기준
- 보유기간 : 주식은 5년, 부동산은 10년 (주택은 5년, 건물은 10년)
- 명의 활용 : 개인은 주택, 법인은 상가와 건물
- 보유개수 : 주택은 10가구 미만
- 주거 건물 : 시세차익 목적으로 보유
- 상가건물 : 월세 받는 목적으로 보유
- 투자지역 : 전국에서 수도권으로 이동

주변의 자산가들을 보면 가격결정권을 갖는 1등 입지에 1등 부동산을 산다. 부동산을 자주 사고팔지도 않는다. 평생 가져갈 수 있는 1등 부동산을 고집한다. 이는 자본력이 있을 때 가능한 일이다. 이를 나의 투자원칙에 적용한다면, 자산을 키워가는 과정에서 '부동산이든 주식이든 1등을 찾는다.'라는 마음가짐으로 물건을 본다면 같은 금액 대비 좀 더 가치 있는 부동산으로 접근할 가능성도 커진다. 노후에 최종적으로 남기는 부동산은 평생 팔 필요가 없는 실거주 주택과 월세 받는 건물을 대출 없이 보유하는 것이다.

현재 나는 수입 통장 3개와 지출통장 4개, 총 7개의 통장으로 노후를 준비하고 있다. 수입 통장에는 월세, 나눔, 사업통장, 지출통장에는 적금, 주식, 여행, 생활비 통장이다. 분명 앞으로 시간이 지나면서 월세 통장과 주식통장으로 연결되는 자산의 가격은 상승과 하락을 계속해서 반복할 것이다. 시장의 흐름에 유연하게 대처하는 방법은 수익을 낼 수 있을 때는 투자하고 흐름이 나쁘면 잠시 멈춰서 관망하는 여유를 가질 수 있도록 시스템을 만들어 놓는 것이 중요하다. 노후가 될수록 돈이 계속 흐를 수 있도록 선순환구조의 시스템을 만들어 보자.

노후에 노동으로 시간을 채우지 않는다.
노후가 될수록 돈을 벌어 시간을 사야 한다.
노후로 갈수록 나눔이 될 수 있는 일을 찾는다.

2

인플레이션을
이기는 투자

'향후 노후 자금은 얼마나 필요할까?'
'한 달 생활비는 얼마가 들어오는 구조를 만들어 놔야 할까?'
'총자산 규모는 얼마 정도면 노후 걱정이 없을까?'
'순자산 규모는 어느 정도여야 마음이 편할까?'

팔순이 넘으신 부모님은 2022년 8월 말로 그동안 해 오셨던 자영업을 그만두셨다. 좀 더 일찍 그만하시라고 말씀드려도 생활비는 벌어야 마음이 편하다고, 손주들에게 용돈 정도는 줄 수 있어야 하지 않겠냐고, 집에만 있으면 심심하니 그냥 놀러나간다고 말씀하시며 지금까지 이어오셨다.

오히려 '이제 일을 그만하면 뭐 하고 지낼까?' 걱정하신다. 난 아직도 아빠, 엄마라는 호칭을 쓰고 있다. 나이가 들어도 이 호칭은 바꾸기 싫다. 어리광부리기에는 아버지, 어머니보다는 아빠, 엄마가 좋다.

평생 쉼 없이 일만 해 오신 아빠는 요즘 걱정이 많으시다. 엄마는 모임을 꾸준히 이어오셔서 친구들이 있는데, 자영업만 계속해 오신 아버지는 친구도 별로 없으시다. 이제는 귀도 점점 들리지 않고, 건강도 쇠약해진다.

얼마 전 만기가 된 보험을 찾아야 한다고 같이 가자고 하신다. 보험회사에 방문해 서류에 사인하는데 아빠가 글씨를 제대로 못 쓰신다. "아빠, 왜 그래? 왜 글씨를 못 쓰는 거야."라고 하니 아빠는 1년 전 비가 오는 날 넘어지셨는데 그때 바닥을 짚다가 오른손 힘줄에 문제가 생겼다고 했다. 당시 병원에 가니 수술하려면 입원이 필요하다고 해서 치료 안 하고 그냥 지나치셨다고 담담히 말씀하신다.

왜 그때 말씀 안 하셨냐고, 치료는 받으셨어야 하지 않냐고 다그치니, 가게 문 닫을 수 없어서 그랬다고 하셨다. 순간 아려왔다.

'아, 아빠는 평생 운영해온 그 작은 가게가 생명줄이셨구나.' 싶어 안쓰럽기도 하고 미련할 정도로 성실함에 숙연해졌다.

30년 후, 돈 걱정 없이 편안할 수 있을까

부모님의 인생을 되돌아보게 된다. 팔순이 넘으신 부모님의 자산은 집 한 채이다. 비싼 집도 아니다. 이제 소규모 가로정비사업이 진행되는 곳의 작은 빌라다. 빚이 없어야 한다고 늘 강조하셨던 부모님은 현금을 계속 사용하시다가 이제야 신용카드를 사용하신다. 이유는 현금을 들고 다니기 불편해지고, 어디 가도 현금보다 카드 결제가 더 편해져서라고.

부모님은 작은 집 한 채지만, 대출이 없는 것을 감사하게 생각하신다. 가게를 그만두는 시점에서 "못 보게 돼서 아쉽다. 그동안 고생하셨다."라고 주위 분들께 인사받으며 웃으며 마무리할 수 있어서 좋다고 말씀하신다. 부모님 인생은 그러하셨다.

그렇다면 과연 '나의 노후는 어떤 모습이 될까, 어떤 모습으로 살아가게 될까?' 요즘엔 유난히 '노후'라는 단어를 가장 많이 쓰고 있다. 정말이제는 걱정이 되기도 하고 준비를 잘해서 노후는 알차게 지내고 싶다는 마음이 더욱 간절해진다.

향후 삶의 기준을 세 가지로 정리했다.

첫 번째는 건강하자.
두 번째는 즐기자.
세 번째는 몰입하자.

여기에는 돈에 대한 언급은 없지만, 이 세 가지를 즐기려면 경제적인 여유가 있어야 한다는 것을 전제로 한다. 부모님이 팔순이 넘도록 자영업의 끈을 놓지 못한 이유는 결국 '돈'이었다. 하지만 팔순이 넘어도 경제 활동을 계속할 수 있다는 것은 '희망'이기도 하다. 부모님이 팔순이 넘어서도 몸은 점점 쇠약해지지만 건강하게 활동하실 수 있음에 감사하다. 노후에 생계유지하기 위한 노동이 아닌, 건강한 생활을 위한 최소한의 일을 이어간다고 가정했을 때, 노후에 필요한 자금은 어떻게 준비해야 할까?

나는 자신 있게 말한다. 부동산이다. 인플레이션을 이길 수 있는 자산은 아무리 눈 씻고 찾아봐도 '부동산'만한 게 없다. 부동산은 자금이 많든 적든 매수하고 매도하면서 실거주와 시세차익을 둘 다 얻을 수 있다. 혹은 직접 살지 않더라도 임대를 통해 보유하면서 시세차익을 얻을 수 있다. 자금 여유가 있다면 실거주 집 외에 추가로 1~2채 시세 상승이 지속할 수 있는 아파트를 보유하는 것이 관리도 쉽고 안전한 노후 장치를 하는 것으로 생각한다.

금리 변동은 부동산 가격과 연동된다

인플레이션을 이기는 대상으로 '부동산'이라고 말하는 이유를 금리와 연관 지어 보면, 한국은행이 기준금리가 낮을 때, 화폐를 많이 찍어 내어 시중에 돈이 풀리면, 시중에 풀린 돈은 다시 은행으로 돌아가지 않는다. 저금해도 이자가 거의 붙지 않으니, 좀 더 이자를 많이 주는 상품을 찾아 돈이 흘러간다. 바로 부동산이나 주식이다. 여기 주식은 논외로 하고 부동산을 예로 들어본다.

한국 중앙은행 기준금리를 보면, 2011년 11월 3.25%에서 2014년 11월 2%, 2016년 11월 1.25%, 2018년 11월 1.75%로 계속 하락하다가, 2020년 5월 0.5%를 발표한 이후 2021년 7월까지 약 1년 넘게 유지했다. 즉 은행에 돈을 넣어두어도 이자가 붙지 않는 것이다.

이 시기에 갈 곳 없는 자금은 부동산으로 집중되면서 전국이 상승장으로 이어지고 오르지 않는 아파트를 찾기 힘들었다. 이때는 분명 정부의 규제 정책의 영향도 있었지만, 결국에는 대출을 최대로 활용하는 영끌족까지 생기게 되었다. 이해하기 힘들 정도로 급등하는 부동산 가격은 월급만으로는 절대로 살 수 없는 가격이 되어 버릴까 봐 마음 급해진 사람들의 심리를 자극하게 이르렀다.

그런데 2022년부터 미국의 금리 인상과 발맞추어 한국의 기준금리가 오르기 시작한다. 2021년 08월 0.75%로 상승의 신호를 보내더니, 2021년 11월 1.0%, 2022년 01월 1.25%, 2022년 05월 1.75%, 2022년 11월 3.25%까지 1년 사이 2.25%가 올랐다. 기준금리 3.25%는 과거 부동산 시장이 바닥이었던, 2011년 11월과 동일하다.

2023년 1월 현재, 금리 인상과 인상 폭이 커지면서, 영끌로 대출받아서 매수한 아파트, 상가, 지식산업센터, 꼬마빌딩 등이 빨강 신호등이 켜지기 시작했다. 특히 대출을 많이 받았던 종목의 리스크가 더욱 커졌다. 이유는 대출이자가 크게 오른 것이다. 급여로 대출이자를 감당하기 어려워지는 사람들이 많아질 거라는 염려와 더불어 물가 상승도 가파르게 이어지고 있다. 부동산의 가격도 상승과 하락을 반복하니 마음 편할 리 없다. 오히려 하락장에서 부동산을 바라보는 입장이라면 부동산을 보유하지 않은 사람이 마음 편할 수 있다. 하지만 오르는 물가에 대한 대비는 어떻게 할 것인지 고민해봐야 한다.

물가 상승과 연동하는 부동산 분양가

물가 상승은 서민들의 밥상에 가장 먼저 영향을 준다. 예를 들어 한 끼 밥값이 5,000원일 때는 1만 원만 있으면 부부가 식사를 할 수 있었는데, 밥값이 1만 원으로 올라 화폐의 가치가 떨어지게 되면 2만 원은 있어야 부부가 식사할 수 있다. 수입은 변동이 없는데 지출만 늘어나게 되는 구조이다.

2023년 1월 현재 시장에 나가서 먹는 밥 한 그릇도 1만 원의 시대가 되었다. 1년 전과 똑같은 수입, 1년 전과 달라진 지출! 서민들의 생활고는 가중되고 있다.

부동산을 보유하는 것이 인플레이션을 이기는 것이라는 점은 2023년 1월 현재는 수요와 공급의 균형이 깨지는 곳과 고금리의 영향으로 매수 심리가 낮아져, 부동산 가격이 계속 하락하는 모습을 보이고 있지만, 인플레이션 시대가 오면 부동산은 장기적으로 상승하게 된다. 가장 큰 이유는 원자재 가격의 상승이다. 향후 새로 지어지는 아파트는 분양가가 높을 수밖에 없다. 새 아파트의 가격이 높으면 기존의 구축 아파트 가격도 끌어올리는 효과를 준다.

단 부동산은 가격이 비싸서 현금만으로 집을 살 수 없는 구조이다. 그래서 실거주로 집 장만을 할 때는 대출을, 투자로 집 장만을 할 때는 전세금을 이용하게 된다. 만약 대출이자가 높고, 전세금이 낮으면 현금이 많이 필요하게 되므로, 매수하려는 사람들이 줄어들 수밖에 없다. 집을 사려는 수요가 줄어들면 자연스럽게 부동산 가격은 상승보다 보합을 유지하거나, 때로는 하락으로 이어지기도 한다.

장기적으로 노후를 준비할 때는, 실거주 집과 필요할 때 팔아서 자금을 융통할 수 있는 또 다른 집을 장만해 놓거나, 월세가 들어오는 구조를 만들어야 노후에 돈 걱정을 덜어낼 수 있다. 시간이 흘러 인플레이션으로 물가가 오르면 집값도 같은 비율로 상승할 가능성이 크다. 현금만 가지고 있는 것으로는 노후를 보장할 수 없다.

모든 투자에는 나쁜 상황에 대한 대안이 있어야 하고, 무리한 투자는 자제해야 한다. 하지만 사람들은 자신이 보고 싶어 하는 것만 보려고 한다. 가격이 불같이 오를 때는 앞뒤 보지 않고 달려들다가 가격이 차갑고 냉랭해지면 한결같이 외면한다. 불편한 진실은 외면하고 싶어 한다. 그래서 사람의 심리를 아는 것이 중요하고 어렵다.

인플레이션, 즉 물가가 오르는 만큼 함께 오르는 자산을 보유하고 있어야 한다.

3

경매는
불황을 이긴다

○

"투자는 계속 이어간다고 하는데, 만약 부동산이 하락하면 어떻게 이어갈 수 있을까요?"

이럴 때 나는 자신 있게 대답한다.

"네, 가능합니다."

맞다. 부동산 가격이 하락하고 있는데 어찌 가격이 비싼 부동산을 선뜻 살 수 있을까. 강심장이 아니고서는 내 자산이 손실이 날까 봐 움직이기는 쉽지 않다. 만약 실거주 집을 꼭 구해야 하는 상황이라면 하락하는 가격을 더 싸게 흥정해서 매입하려고 할 것이다.

부동산 가격에 영향 주는 3요소

부동산 시장에서 봐야 하는 여러 지표가 있는데, 수요와 공급, 거래량, 그리고 시장에 나와 있는 매도자가 내놓은 매물의 개수이다. 부동산에도 주거용인 아파트, 빌라, 단독주택, 주거용 오피스텔, 비주거용인 오피스텔, 상가, 건물로 크게 나뉜다. 이 중에서 대한민국 국민이 가장 선호하고 수요가 많은 아파트의 경우, 이런 통계를 보기 쉽다. 수요와 공급은 향후 3년 동안의 입주 물량을 알 수 있다. 이런 통계는 빅데이터 플랫폼에서 쉽게 확인할 수 있다.

공급 대비 수요가 많으면 가격은 올라가고, 공급 대비 수요가 부족하면 가격은 내려간다.

다시 말하면 공급 대비 수요가 많아 거래량이 증가하면 현장에 매물이 부족하여 새롭게 나오는 매물의 가격은 올라가게 된다. 반대로 공급 대비 수요가 적어 거래량이 감소하고 현장에 매도하고 싶은 매물이 넘쳐나서 쌓이게 되면 매물의 가격은 급한 사정에 따라 부동산에 나와 있는 매물보다 더 낮은 매물로 바뀌고 만다. 이렇게 매물의 가격이 더 조정될 것 같으면 매수하고 싶었던 사람들의 심리도 '조금 더 기다려 볼까?' 하는 마음이 생기게 되는 것이다.

결국 매수를 조금 더 기다리게 된다. 가격이 더 조정될 때까지, 이렇게 부동산 거래량이 현저히 줄면서 매매가격이 하락한다고 하면 매수 심리가 줄어든다. 사람의 마음은 비슷하다. 감정의 동요는 외부의 기사 내용에 따라 더 크게 요동친다. 뉴스에서 강렬한 기사 한 줄 봐도 곧바로 내게도 영향이 올 것 같아 움츠러든다.

이런 매수 심리의 감소는 거래량이 줄어들게 하고, 거래량이 줄어들면 꼭 집을 팔아야 하는 사람이 제때 집을 팔지 못해, 대출이자나 원금 상환이 늦어지면 돈을 빌려주고 받지 못한 채권자들은 자신이 빌려준

돈을 회수하기 위해 법원에 경매를 의뢰한다. 결국 돈을 갚지 못한 채무자의 부동산은 법원을 통해 경매시장으로 넘어오게 된다.

경매시장에는 물건의 개수가 늘어나고, 입찰하는 사람들은 일반 매매시장의 거래되는 시세보다 좀 더 낮은 가격으로 경쟁해서 낙찰받아 간다. 일반 매매시장보다 경매시장에서 입찰에 참여하는 분들은 셈이 빠르다. 계산적이고, 수익이 나지 않으면 입찰에 참여하지 않는다.

경매는 낙찰되고 나서 명도까지의 번거로운 작업을 해야 하므로, 그런 수고비까지 감안해서 입찰금액을 낮춘다. 아무도 입찰에 참여하지 않으면, 법원에서는 경매물건의 가격을 낮춰서 다시 경매를 진행한다. 결국 경매시장으로 넘어온 매물은 가격을 낮춰서라도 낙찰이 되게 만든다. 그래야 경매사건이 종결되기 때문이다.

경매시장에 영향 주는 3요소

내가 투자를 계속 이어갈 수 있다고 자신 있게 말하는 이유는 바로 이런 경매에 참여할 수 있기 때문이다. 매매시장에는 매수자와 매도자의 매매 심리지수라는 것이 있다. 경매시장에는 경매의 3요소라 불리는 경매 지수라는 것이 있다.

경매의 3요소는 '입찰 경쟁률, 매각가율, 매각률'이 바로 그것이다. 예를 들면, 입찰 경쟁률은 한 사건에 10명이 입찰했다면 10명이 된다. 매각가율은 경매로 진행되는 감정가격이 1억 원인데 8천만 원에 매각되었다면 80%, 7천만 원에 매각되었다면 70%라고 말한다. 매각률은 경매로 진행되는 사건이 10건인데 그중 7건이 매각되었다면 70%, 5건이 매각되었다면 50%이다. 여기서 매각이란 낙찰을 의미한다.

일반 매매시장의 분위기가 좋아 거래가 활발하고 가격이 상승하는 시장이라면 경매 3요소가 올라간다. 하지만 일반 매매시장의 거래량이 줄어들고, 가격이 하락하기 시작하면 곧바로 경매 3요소는 내려간다. 아직 일반 매매시장에서 실거래가 되지 않고 있기에 얼마나 더 떨어질지 몰라 경매에 참여하는 입찰자는 그 하락 폭에 대한 리스크를 걱정해서 입찰하는 금액을 낮추게 된다. 즉, 경매시장에서는 일반 매매시장의 가격보다 훨씬 낮은 가격으로 매각될 가능성이 커진다.

법원까지 접수된 경매사건은 나라에서도 꼭 진행시켜서 채무자와 채권자의 문제를 해결해줘야 하므로 입찰하는 사람이 없으면 가격을 더 낮춰서 진행한다. 이런 경매시장을 잘만 활용하면 부동산 상승장에도 하락장에도 꾸준히 부동산 투자를 이어갈 수 있다. 단 경매로 입찰하고 낙찰받으려면 조금 어려운 절차를 처리해야 한다. 입찰 전에는 권리분석을 해야 하고 낙찰된 후에는 명도를 해야 한다.

권리분석과 명도라는 과정을 처리해야 하므로 경매시장에 입문하려면 권리분석의 공부가 필수이고 명도를 위해 협상이 필수이다. 하지만 협상이 어려우면 법원에서는 강제로 집행할 수 있는 권한을 낙찰자에게 부여해주고 있으므로 명도가 안 되는 경우는 없다. 단지 시간이 조금 더 오래 걸릴 뿐이다.

경매로 진행되는 과정은 아주 심플하다. 그 절차에 대한 이해가 있으면 참여할 수 있고, 입찰, 낙찰, 명도, 임대, 매도까지의 사이클을 경험하고 나면 그다음은 계속 이어가면 된다. 나는 그동안 경매의 기술을 익혀왔다. 앞으로도 계속 이어갈 것이기에 필요에 따라 경매기술을 활용해서 투자를 이어가면 된다. 경매기술은 나이가 들어도 노후에도 계속할 수 있다.

경매를 왜 기술이라고 표현할까

'기술'이란 단어를 국어사전에서 보면, 과학 이론을 실제로 적용하여 사물을 인간 생활에 유용하도록 가공하는 수단, 사물을 잘 다루는 방법이나 능력, 기묘한 솜씨나 재주를 말하기도 한다.

맞다, 기술이라는 것은 잘 다루는 방법이나 능력이다. 기술은 반복으로 완성된다. 같은 과정을 반복해서 연마하면서 기술이 되는 것이다. 경매는 일반 매매와는 성격이 달라서 일정한 허들, 즉 권리분석을 할 수 있어야 참여할 수 있는 그들만의 시장이다. 경매가 아무리 대중화되어 있다고 해도, 참여하는 사람은 제한적이다. 이유는 사람들은 번거롭고 어려운 것을 피하는 습성이 있기 때문이다.

호기심으로 참여해서 한두 번은 해볼 수 있지만, 이것을 꾸준히 반복해서 이어가는 사람들의 숫자는 적다는 뜻이다. 일반적으로 어려워하는 권리분석과 명도라는 과정을 잘 다룰 수 있는 능력이 생긴다면 이것은 기술이 되어 언제든지 써먹을 수 있게 된다. 이 기술은 나이와 상관없다. 나이 숫자와는 상관없이 언제든지 꺼내서 쓸 수 있기에 '능력'만 갖춘다면 노후에는 경매 법정으로 마실 나갈 수 있다.

나는 경매의 기술을 장착하고 나니, '노후에는 무슨 일을 해서 먹고사나?'라는 걱정은 덜어내게 되었다. 또 혼자 하는 것이 아니라 부부가 함께하기에 더욱 걱정이 없다. 한 번이 아닌 계속 반복하면서 경험에 '능력'을 갖춘다면, 이런 기술은 많이 장착할수록 유리하다. 그런 점에서 나는 부동산 시장에서 여러 기술을 장착할 수 있었고, 또 장착하는 중이다. 바로 경매의 기술에 이어 매매의 기술, 월세의 기술, 사업의 기술, 절세의 기술이다.

기술을 장착하면 노후로 갈수록 자산 증식은 수월해진다고 믿는다.

'나는 운이 좋다.'라는 문장은 저절로 생기는 것이 아니라, 이런 경험을 이어가는 과정에서 운이 더욱 내 쪽으로 다가오는 것이다. 과거에는 운은 그저 정말 하늘에서 내리는 천운이 있는 사람이 따로 있다고 생각했다. 하지만 지금은 다르다. 운은 내가 만들어갈 수 있고, 그런 기회를 자꾸 만들 수 있다.

경험이 중요한 이유는 바로 노후에도 써먹을 수 있는 기술을 장착하기 위해서다.

4

매매는 심리다

"중개사님, 이 아파트는 전세를 얼마까지 맞출 수 있을까요?"

1기 신도시를 임장하다가 깜짝 놀랐다. 2013년에만 해도 아파트 매매와 전세가격의 차이가 커서 경매로 낙찰받아서 실제 들어가는 금액이 많아 접근할 엄두도 못 냈었다. 정말 아파트를 낙찰받고 싶어서 임장 다니다가 낙찰가가 높고 실제 돈도 많이 있어야 해서 뒤로 미뤄두었던 종목이 아파트였다.

그런데 이게 무슨 일일까? 매매가격이 2억 3,000만 원인데 전세가격이 2억 2,500만 원으로 전세 대기 손님이 있다고 했다. 매매와 전세가격의 차이가 500만 원! 그것도 1기 신도시의 20평대 아파트 가격이었다. 그렇다면 3년 동안 빌라로 월세 세팅을 한 뒤 모아두었던 자금으로 충분히 살 수 있었다. 나는 주저하지 않았다. 들어가는 돈이 없으니 크게 걱정되지 않았다. 간혹 역전세에 대해 우려를 하곤 했는데, 주변에 공급물량이 적고 수요가 많은 지역이라 큰 문제는 없을 거로 생각했다. 아니, 이렇게 적은 돈으로 아파트를 매입할 수 있다니 내게는 주저할 필요가 없었다.

전세가율이 너무 높은데

전세가율이란 전세가격 대비 매매가격의 비율을 말한다.

최소 갭 500만 원에서 1,000만 원 사이로 실투자금이 들어가는 아파트를 과감하게 3개 매수했다. 경매로 낙찰받을 때는 10번 입찰해야 겨우 1번 낙찰받을 수 있었는데 매매로 아파트를 사는 것은 내가 결정하기만 하면 매입할 수 있었다. 단지, 매매 계약하면서 계약금을 준 후 중도금은 전세를 맞추고 전세금의 계약금으로 처리하는 조건으로 진행되다 보니, 전세가 맞춰질 때까지는 긴장하며 시간을 보냈다.

경매는 낙찰받기가 어렵고, 낙찰받은 후 명도하는 시간을 기다려야 하는데, 매매는 계약 후 전세 손님을 기다려야 했다. 하지만 전세 매물이 없는 것을 확인하고 매입한 상태라 명도보다는 훨씬 쉬웠다. 그렇게 몇 개월 사이 아파트 3채를 매입하고 전세까지 맞추면서 잔금이 문제 없다 보니, 자신감이 생겼다. 1기 신도시의 아파트 임장을 신나서 다니기 시작했다.

빌라는 시세 파악이 어려워 나름대로 고민하며 방법을 힘들게 터득했는데, 아파트는 시세가 투명하게 다 나와 있었다. 똑같이 생긴 집이 아파트 전체에 해당하는 경우가 많아 가격 비교도 쉬웠고, 가장 좋았던 것은 관리실에서 아파트 주민의 편의를 위해 관리하고 있어서 손이 덜

갔다. 관리비를 걷으며 장기수선충당금을 모아 놓는 것도 빌라와는 완전히 달랐다.

아파트는 KB부동산에서 대출을 위해 시세를 제공해주고 있었기에 대출받는 금액까지 확인할 수 있다. 결국 시세 비교는 실거래가격, KB부동산시세, 네이버 부동산 매물가격을 비교해서 적정선을 찾을 수 있었다.

'이렇게 쉽게 가격조사가 가능하다니?'

그동안 같은 평수라도 구조가 다 달라 시세 확인이 어려웠던 개별성이 강한 빌라만 보고 다니다가 아파트에 접근하니, 임장이 너무 쉬웠다. 임장이라는 것은 부동산 현장에 나가서 둘러보는 것을 말한다.

1기 신도시의 가격이 조금씩 부담이 되니 내가 다닐 수 있는 범위의 지방에도 관심이 생기기 시작했다. 함께 공부하는 동료들과 강원도와 경기도 끝자락까지 다녀오고, 수도권에서 2시간 범위 내의 지역으로 임장을 다니면서 경매 수업을 함께 들으며 정보 공유가 많아졌다. 나는 당시 자영업을 하고 있었기 때문에 지방까지 가는 시간을 내는 것이 힘들었다. 점점 부동산에 자신이 생겼을 때, 영업 오픈 시간을 4시에서 5시로 늦추고, 조금 더 먼 곳으로 임장을 다니기 시작했다.

내가 이렇게 정신없이 돌아다니며 물건을 볼 수 있었던 것은 전세금 때문이었다. 전세가격이 상승할 것이라고 무작정 믿는 것은 아니었지만, 은행에서 전세금 대출이 쉬워진 것이 한몫했고, 임차인도 저금리로 전세대출을 받을 수 있으니, 전세금을 높여서 집을 알아볼 수 있었다. 저금리여서 나타난 현상이었다. 임대인의 입장에서는 금리가 계속 낮아지고 있었기 때문에 전세금을 높여서 실투자금을 줄일 수 있었다. 금리가 낮아지니 월세 매물이 늘어나고 전세 주택이 줄어드니 즉, 수요에 비해 매물이 적으니 전세가격은 계속 올라가고 있었다. 수도권과 지방의 분위기는 조금 다르긴 했지만 공급이 없는 지역은 매매가격과 전세가격이 거의 비슷하게 형성되어 있었다.

대출금 or 전세금을 이용한 매매

대출을 이용해서 월세를 받거나, 전세를 이용해서 실투금을 줄이거나 이제 또 하나의 매매 투자 방법을 장착하기 시작했다. 경매로 입찰할 때 입찰가격은 실거래 또는 매물보다 낮은 금액으로 입찰하게 된다. 명도까지 처리해야 하는 어려운 과정이 입찰가에서 보상을 받는다고 생각해도 된다. 경매입찰가는 급매물보다도 항상 저렴한 가격을 기준으로 접근해보니, 경매입찰가를 산정하고 나면, 현장에서 매물가격을 볼 때 싼지 비싼지 급매물인지 판단하기가 쉬워졌다. '내가 일반 매매 물건의 입찰가를 산정한다면'이라고 가정하고 매매가격을 보면 '아, 이 정도면 급매물이 되겠다.'라고 스스로 판단하는 기준이 생기게 되었다.

3년 동안 경매인으로 즐기다 보니 일반 매매는 좀 더 쉽게 다가갈 수 있었다. 부동산 가격의 흐름은 계속 변하고 있다. 미래를 예측하기에는 아직 깜냥이 안 되고 사실 예측한다는 것은 무리가 있다고 본다. 경매와 매매를 적절히 활용하면 손해 보지 않는 투자를 할 수는 있을 것 같았다. 그렇게 나는 경매에서 매매로, 빌라에서 아파트로, 인천에서 수도권과 일부 지방으로 투자의 범위를 확장해 가고 있었다. 전세금으로 가득 찬 집은 꼭 전세통장 같았다. 하지만 전세도 빚이라 역전세가 날 경우에는, 오히려 독이 되기도 한다.

2023년 1월 현재 전국이 역전세로 몸살을 앓고 있다. 천정이 없을 것처럼 상승하던 부동산 가격이 2년 전 가격으로 복귀하면서 전세가도 함께 하락 중이다. 가격조정의 가장 큰 영향은 높은 금리다. 공급이 많아 무너지는 곳은 예정된 수순이지만 공급이 줄어드는 지역, 공급이 없는 지역이 가격이 무너지는 것은 금리의 영향이 가장 크다고 볼 수 있다. 전세대출을 많이 받아 움직이던 임차인들은 대출이자가 부담스러워 대출금을 더 올리지 못한다. 주택담보대출을 많이 받아 집을 샀던 집주인들도 대출금리가 부담스러워하고 오히려 집을 팔아서 부채를 없애려고 고민하게 된다. 대출이자가 부담스러운 집주인과 임차인은 걱정으로 부동산의 관심도가 떨어지고 오히려 수입을 어떻게 늘려야 하는지 고민하면서 버티는 형국이다.

어떤 입장에서 고민하고 싶은가

거래량이 줄어들고, 현장에는 매물이 쌓이면서 부동산 가격이 조정되고 매수 심리가 꽁꽁 얼어붙어 있는 상황에서도, 현금을 보유하고 있는 사람들은 가격의 바닥이 어느 시점일지를 모니터하고 있다. 어느 정도의 가격에 사야 좀 더 싸게 살 수 있을지 보고 있다.

동일한 시간, 동일한 시대를 살고 있지만, 집주인, 임대인, 임차인의 입장에 따라 고민하는 내용이 다르다는 점을 곰곰이 생각해 볼 필요가 있다. 과연 나는 어떤 입장에서 고민하는 것인가, 노후로 갈수록 고려해야 하는 것은 임대인이어야 한다고 생각한다. 추가로 노후에 고민을 없애는 방법은 임대인이어도 대출이 없는 상태가 되는 것이지 않을까 한다. 대출이자가 높고 낮음에 상관없이 평온함을 유지할 수 있는 상태!

시험을 볼 때 족집게 문제를 제공하는 문제집을 사서 보는 것처럼, 부동산도 과거부터 지역마다 가격의 흐름을 주도하고 퍼져나가는 가격 흐름 지도가 있다. 이것을 '순환매'라고 말하기도 한다. 순환매의 핵심은 직주근접이다. 순환매는 부동산의 가격 흐름을 보는 계보 같은 것이다. 이것이 절대적이지는 않지만, 사람들이 관심 있게 보는 지역이므로 참고하면 좋다.

즉, 일자리가 가까운 지역이면서 실거주 만족도가 높은 지역을 우선순위로 보면 된다. 우리나라 수도권에서 일자리가 가장 밀집된 곳이 바로 서울의 강남이다. 그렇다면 가격 흐름의 기준은 강남이 된다. 강남에서부터 출퇴근 시간을 단축해주는 교통망을 따라 실거주 만족도가 높은 지역을 차례대로 줄지어 보면 된다.

교통망을 대표적으로 강남역과 삼성역을 지나는 노선을 중점으로 본다. 2호선, 분당선, 신분당선, 9호선 등이 이에 해당한다. 추가로 거리는 멀지만 차후 광역철도 GTX가 개통될 지역을 추가로 함께 모니터한다. 예를 들면, 강남의 남쪽 지역으로 분당, 안양, 산본, 수지, 수원으로 이어지고, 강남의 서쪽 지역으로 용산, 여의도, 광명, 부천으로 이어진다. 하지만 부동산이 하락하면 상승장에서 가격에 반영되었던 교통, 호재, 입지 등 상관없이 모두 조정받는다. 그래서 사람의 마음이 가장 무섭다.

부동산 매매의 기술은 수요와 공급, 거래량, 금리, 전세금과 대출금의 범위 등 매수 심리와 연관 지어 계속해서 모니터가 필요하다. 매매의 기술을 갖는다는 것은 부동산의 흐름을 계속 모니터하고, 언제 싸게 사서 언제 비싸게 팔지 보는 것이다.

부동산 매매의 기술을 장착한다는 것은 경제 흐름을 볼 줄 안다는 것과도 일맥상통하므로 결국 '돈 공부'를 하는 것이다.

부동산 매매는 실수요자들의 심리가 중요하다.

5

월세는 임대인이다

"노후가 되면 왜 월세를 받고 싶어 할까?"

아는 지인의 부모님은 오래전 주공아파트를 분양받아 40년 가까이 거주하시다가 해당 아파트가 재건축되면서 30평대 한 채와 전용 10평 정도의 작은 상가를 받았다. 그리고 자연스럽게 상가 임대인이 되었다. 아파트와 상가의 대출은 없었기에 상가에서 받는 월세 100만 원은 온전히 수입이 된다. 대단지 아파트의 초입에 큰 대로를 낀 건물이었고, 도로 전면에 있는 상가라 공실이 된 적이 한 번도 없었다. 가끔 마실 가듯 상가에 가서 장사가 잘되는지 살피는 것을 또 하나의 재미로 삼고 있다. 나이가 들면서 남편의 사망으로 혼자가 되었을 때 자녀와 세대를 합치며 실거주 집을 좀 더 넓은 평수인 40평대 아파트를 샀다. 이때 자녀와 공동명의로 아파트로 매수했다. 자녀와 공동명의로 한 이유는 차후 상속에 대한 부분까지 감안한 것이다.

그리고 기존 거주하던 아파트는 월세로 전환해서 150만 원을 받는다.

상가에서 100만 원, 아파트에서 150만 원을 합하면 한 달에 받는 월세는 250만 원이 된다. 두 부동산 모두 대출이 없으므로 250만 원은 본인의 생활비가 된다. 노후에 일하지 않아도 수입이 생기니, 본인의 건강을 우선으로 하며 하고 싶은 것을 하며 생활하고 계신다.

맞다. 노후가 되면 월세를 받고 싶어 하는 이유는 바로 큰 노동 없이 생활비를 벌기 위함이다.

사람이 살아가는 동안 어쩔 수 없이 꼭 필요한 돈이 있어야 한다. 만약 노후가 되어 수입이 없다면 온전히 자녀에게 의존해야 한다. 이 또한 자녀가 그만한 여력이 있어야 가능한 일이다. 나이가 들면서 돈이 없어서 누군가에게 의존해야 한다면, 부담을 준다는 생각에 생활이 그리 행복하지 않을 수 있다. 그러므로 가능하면 활동할 수 있을 때 노후가 돼서 일정한 수입이 들어오는 구조를 만들어야 한다. 다양한 파이프라인 중에 부동산이 있으면 물가가 상승하는 인플레이션이 와도 큰 걱정은 없다. 물가 상승은 부동산 가격에도 반영되기 때문이다.

나는 어떤 임대인이 되고 싶은가

부동산 임대인이 되어 월세를 받을 때는 고려해야 할 점이 있다. 바로 임대인의 의무를 다해야 한다는 점이다. 임대인의 의무가 딱딱하게 여겨진다면 자신에게 두 가지 질문을 하고 답해보면 알 수 있다.

첫째, 나는 어떤 임대인이 되고 싶은가?

착한 임대인, 악덕 임대인, 임차인과 상생하는 임대인 등 임대인 앞에 들어가는 수식어는 다양하다. 만약 임대인이 된다면 나는 어떤 임대인이 되고 싶은지 생각해 보자. 노후에 월세를 받는다는 것은 1~2년으로 끝나는 것이 아니라 살아있는 동안 계속 이어져야 한다는 의미가 포함된다. 오랫동안 지속되는 관계인데 서로 얼굴 붉히고 불편한 관계로 이어간다면 일상생활이 행복할 리 없다. 즉 임차인과의 관계가 좋아야 노후에도 계속 웃으며 생활할 수 있다.

임차인과의 관계가 좋아지는 방법은 임차인이 요구하는 사항이 있을 때 적극적으로 고민하고 반영해주는 것이다. 가장 빈번한 분쟁은 월세 인상과 수리 보수이다. 같은 상황이라도 입장마다 차이가 있다. 항상 내 말만 하고 내 주장만 한다면 상대방은 억울해하거나 힘들어할 수 있다. 임차인이 어떤 사항을 요구해 오면 이렇게 생각하자.
'그래, 임차인보다 임대인인 내 입장이 좀 더 나을 수 있으니까.'라고 생각하면, 양보하고 배려하는 것이 훨씬 수월해진다. 그리고 배려하고 나면 내 마음은 솔직히 더 기쁘게 보람된다.

둘째, 임대인으로서 꼭 해야 할 일은 무엇인가?
임대인으로서 해야 할 의무만 지키면 문제 될 것은 없다. 임대인의 의무는 임차인에 대한 의무와 세금 납부에 대한 의무 두 가지다. 정부가 임대차보호법을 통해 약자라고 생각하는 임차인을 보호하기 위해 마련한 법이다. 주택과 상가의 임대차보호법은 조금 다르지만 공통된 점은 임차인에게 보증금과 월세 인상은 5% 이내로 한정한다. 그리고 주택은 최대 4년 거주, 상가는 최대 10년 동안 사업할 수 있도록 법으로 보호하고 있다. 임대인은 월세 인상률과 임대 기간을 지켜주면 된다. 이 법도 계속 개정하고 있으므로 변경될 수 있다.

세금은, 주택은 종합소득세, 상가는 부가가치세 신고와 종합소득세를 신고하면 된다.

여기서 5월에 종합소득세 신고를 하면 소득에 따라 건강보험료와 국민연금이 부과될 수 있다. 수입이 없을 때는 자녀에게 피부양자로 올릴 수 있으나, 수입이 생기면 수입에 해당하는 또 다른 납세의무가 생기는 것이다.

임대인은 자산가인가 호구인가

여기서 주의점은, 주택임대인과 주택임대사업자는 다르다는 것이다. 실거주 이외에 월세 받는 주택을 1채 갖고 있을 때 임대사업자로 등록할지는 본인이 결정한다. 주택임대사업자로 등록하면 취득세 감면, 재산세 감면, 종합부동산세 합산배제, 양도소득세 중과배제, 장기보유특별공제율 추가 공제 등 다양한 세제 혜택을 적용받을 수 있다. 하지만 이런 세제 혜택을 받기 위해서 임대료 인상이 제한되고 의무임대 기간을 준수해야 한다. 예를 들어 민간임대사업자의 경우 10년 동안 임대를 해야 한다. 그 안에 집을 팔 경우 과태료를 내야 한다.

그런데 가장 큰 문제는 한번 약속한 혜택이 정부가 바뀌고 정책이 바뀌면서 세제 혜택도 바뀌는 사례가 발생하기도 한다는 점이다. 예를 들어 2017년 12.13 정부는 '임대주택등록 활성화 방안'을 발표했고, 주택을 소유한 사람이 주택임대사업자에 등록하면 다양한 세제 혜택을 주겠다고 권유해서 많은 다주택자가 주택임대사업자로 등록했다. 그러나 부동산 가격이 급등하자 다주택자들의 혜택을 축소하는 방안으로 주택임대사업자의 세제 혜택 요건을 강화하고, 급기야는 2020. 7. 10.에는 의무기간 4년과 8년은 폐지되고 10년으로 바뀌어, 임대주택등록에 아파트는 제외했다. 더불어 기존에 주었던 세제 혜택도 축소했다.

정부가 약속을 번복하면서 그 피해는 주택임대사업자에게 고스란히 떠 넘겨졌고, 그 이후 임차인이 들었던 보증보험을 임대인이 들게 하고, 등기부등본에 주택임대사업자를 부기등기하게 하는 등 의무사항을 더 추가했다. 결국 세제 혜택은 축소하고 의무가 더해지니, 임대인들의 고민은 더해지고 있다. 특히 가격이 하락할 때 월세 보증금을 내리는 하한선은 없다. 하지만 다시 상승해도 한번 내린 임대료에서 5%씩만 인상할 수 있다는 점이다.

결국 임대인의 입장에서는 주택임대사업자로 등록하고 10년 동안 부동산을 처분하지 못하는 대신 주는 세제 혜택이 과연 실익이 있는지를 따져봐야 한다. 만약 부동산을 10년 이상 장기로 보유할 생각이 없다면 주택임대업자로 등록할 필요는 없다. 정부가 임차인을 보호해야 하는 것도 맞지만 임대인이 계속 임대할 수 있는 여건을 마련해주어야 하는 것도 맞다. 어느 한쪽으로 기우는 정책은 다른 한쪽은 손해를 보게 될 수 있기 때문이다. 의무만 더하고 실익이 없다면 장기적으로 공급과 수요 면에서 불균형이 초래될 것이다.

부동산 관리하는 일은 생각보다 수월하다. 임차인이 불편하다고 연락이 오지 않는 한 특별하게 신경 쓸 일이 없다. 부동산을 보유하면서 내야 하는 세금의 의무를 다하면 된다. 임대인이 임차인을 생각할 때,

주택에 거주하는 임차인은 건강하고 행복하게 살다가 집을 장만하거나 더 좋은 집으로 이사 가길 바라는 마음이고, 상가에서 사업하는 임차인은 사업이 번창해서 매출이 늘어나고 부자 되기를 바라는 마음을 담아주는 것, 즉 임차인이 잘돼야 임대인도 웃는 얼굴이 지속된다는 점을 기억하면, 임대인으로서의 삶도 즐거울 것이다.

월세 받는 임대인은 노후 대책의 1순위다.

6

사업은 법인이다

우리 부부는 세 번의 창업이 있었다. 남편이 30대 후반에 회사를 그만두면서 시작한 무역업과 내가 40대에 시작한 자영업이었다. 그리고 현재는 경매를 통해 임대사업을 하고 있다. 무역업은 2년 만에 접었고, 자영업은 10년 동안 유지했지만, 딱 생활비 충당으로 전전긍긍했다. 세 번의 창업과 두 번의 폐업을 하며 아쉬웠던 것, 후회되었던 것이 있다. 사업으로 확장하지 못했던 진실을 정리해보면 크게 3가지였다.

첫째, 준비되지 않은 상태에서 급하게 시작했다.
둘째, 자금이 부족했다.
셋째, 실패가 두려웠고, 상상력이 부족했다.

사업을 다시 준비하면서

지금부터 새롭게 준비하는 사업은 가족 법인이다. 과거 자영업을 하면서, 영업일 수가 적어 매출이 적고 수입이 줄어들어도, 월말이면 송금했던 월세를 생각하면 지금도 아쉬움이 남는다. 자영업을 그만두면서 또 하나의 목표는 월세 받는 임대인이 되는 것이었다. 내가 움직이지 않아도 월말이면 또박또박 통장에 입금되는 구조. 아마도 파이프라인을 만들고 싶은 것이 나이가 들면서 노후에 희망하는 수입구조다.

아주 오래전 20대 후반의 일기장에도 30대 후반의 일기장에도 표현은 조금씩 달랐지만, 노후에 그리던 목표가 있었다. 4층짜리 건물을 사서 1층에는 카페와 부동산, 2층 문화공간 대여, 3층 사무실임대, 4층은 실거주 or 월세 주는 구조였다. 건물에서 들어오는 월세를 받아 노후 생활비를 충당하는 것, 이것이 부동산을 바라보는 바람이었다. 그 후 20년, 30년이 지난 현재의 모습을 보면, 아직 그 목표를 이루지 못했음에 한편으로는 아쉬움이 남는다.

과거 자영업이 사업인 줄 알고 시작했다. 하지만 내가 일하지 않으면 수입이 나지 않는 일용 근로자와 같은 시간을 담보로 하는 삶이었다는 것을 한참이 지나서야 깨닫게 되었다. 자영업과 사업을 쉽게 구분하자면, 프랜차이즈 본사는 사업을 하는 것이었고, 가맹점은 자영업이다.

자영업을 마무리하고 부동산 투자로 10년 정도 머물다 보니, 다시 사업에 도전해보고 싶어졌다. 돈을 버는 선순환의 구조를 만드는 방법은 사업을 통해 돈을 벌어 부동산을 사는 것이다.

여기서 말하는 사업의 종류는 너무나 많다.

- 콘텐츠를 파는 지식 사업
- 임대하는 부동산 사업
- 노하우를 파는 프랜차이즈 사업

최근 온라인 플랫폼 사업을 하는 것까지, 시대의 흐름에 따라 다양한 업종이 생겨나고 사라진다. 지금부터 하고자 하는 것은 부동산 임대와 사업장 운영을 접목하는 것을 계획하고 있다. 이런 구조는 이미 많이 하고 있어서 그 사례를 찾으면 많다.

부동산과 브랜드의 가치를 함께 올리는 대표적인 기업이 스타벅스, 맥도날드와 같은 사업체이다. 부동산을 보유하면서 땅의 가치를 올리고 그 자리에서 매출로 수익을 얻어가는 구조!

부동산으로 재테크를 시작하면서 명의에 대해 고민이 많았고 그때 알게 된 것이 법인이었다.

법인은 나의 아바타 같은 존재라고 보면 쉽다. 내가 만든 이름을 가진 아이, 이 아이는 내가 어떻게 키우느냐에 따라 달라진다. 법인 자체가 스스로 생각하지 않는다. 실제 자녀가 성인이 되는 과정에서 오는 사춘기가 있지도 않다. 시키는 대로 커가는 정말 말 잘 듣는 자식이다. 부모는 자신이 못 했던 것을 자녀에게 다 해주고 싶은 마음이 있다. 그래서 간혹 그 기대치가 높아 강요하면 자녀와의 관계에서 불화가 생기기도 한다. 하지만 법인은 철저하게 내 마음대로 키울 수 있다. 법인의 장점을 활용해서 사업체를 확장하기 좋다.

사업 시작할 때, 준비해야 할 5단계

첫 번째는 돈, 자금이다.

예비비를 준비해야 한다. 사업은 계획 단계와 영업 단계에서의 오차는 꼭 발생한다. 계획보다 비용은 추가로 발생한다. 줄어드는 경우는 없다. 그러므로 예비비가 준비되지 않은 상태에서 시작하면 시행착오를 겪다가 무너지는 경우를 많이 봤다. 예비비가 없다면 상황에 따라 돈을 융통할 수 있는 루트를 확보해놓아야 한다.

두 번째는 사업계획 준비과정이다.

자신이 잘하는 것과 하고 싶은 것을 구분하고, 구체적인 업종을 정해야 한다. 막연히 하고 싶다는 것으로 뭉뚱그려 시작하다 보면 문제가 발생한다. 특히 유행하는 트렌드에 초점을 맞추면 생명이 짧을 수 있다. 결국 오랫동안 지속할 수 있는 모델을 찾는 것이 중요하다. 사업모델을 준비하는 과정에서 관련 분야의 책을 10권에서 최대 50권까지 읽으며 정리한다. 목적을 갖고 책을 읽으면 원하는 답을 찾아갈 가능성이 크다. 책을 읽은 후 사업계획을 만들어 보고 그 목적에 맞는 추가적인 공부와 현장 답사를 한다.

세 번째는 마케팅이다.

관련 업종의 데이터 등 수익률까지 확보했다면, 지금 시작 단계에서 향후 발전 단계까지 고려해서 마케팅 준비를 해야 한다. 과거 자영업을 시작했을 때 프랜차이즈 가맹점을 하다 보니 본사에서 진행해주는 마케팅을 그대로 적용했을 때, 처음에는 마케팅 효과가 있지만, 지속적이지는 않았다. 결국 누군가 해주는 것이 아닌 자신만의 전략을 세워야 한다. 이때 전문 업체의 도움 받아 자신이 생각하는 사업의 가치와 맞는 마케팅을 준비한다.

네 번째는 인건비다.

좀 더 적극적으로 고민할 것이 바로 인건비 관련이다. 업무 분담을 고려해서 직원을 몇 명을 고용할 것인지, 직원의 복리후생은 어떻게 할 것인지, 사업을 하다 보면 자신 혼자서 하는 것은 한계가 있다. 처음에는 본인이 직접 하다가 어느 정도 자리가 잡혔을 때는 레버리지해야 한다. 이것이 오래가는 방법이다. 대표가 노동의 모든 시간을 해결하려고 하면 결국 시간 근로자의 역할에서 벗어나지 못한다. 처음부터 어느 선까지 직원이나 아르바이트를 둘 것인지, 그에 따른 관리와 비용을 꼭 검토한다.

다섯 번째는 부동산이다.

부동산 구입을 첫 번째로 넣고 싶었으나 뒤로 뺀 것은 자금 상황에 따라 선택해야 하기 때문이다. 자금이 부족하다고 무조건 임차인으로 시작해야 한다고 생각하지 말았으면 한다. 대출금리에 따라 달라지긴 하지만 부동산을 살 때는 대출을 활용할 수 있다. 만약 대출받은 금액의 이자가 월세 수준 전후라고 하면 적극적으로 매수를 우선 검토해 본다.

사업과 임대업은 동시에

사업을 시작할 때, 부동산 매입을 같이 검토하는 것을 적극적으로 추천하는 이유는 세 가지다.

첫째, 월세 비용을 대출이자로 대체할 수 있다.

임차해서 월세를 내는 비용은 상가나 건물을 매입할 때 대출받아 이자 내는 비용으로 대체 가능한 경우가 많다. 사업을 하면서 매출과 수입이 올라가면서 건물을 매입하는 성공사례도 많다. 대출받고 나머지 차액을 준비할 수 있는 여력이 된다면 함께 검토해 본다.

둘째, 부동산까지 접목하려면 상권분석을 더욱 적극적으로 할 수밖에 없다.

부동산은 한번 매입하면 곧바로 매도하기 어렵기 때문이다. 결국 팔지 않고 오래 보유할 부동산을 사는 것이 장기적으로 가치를 높이는 길이다. 사업과 부동산을 함께 검토하면 준비과정이 좀 더 꼼꼼해질 수 있고, 결국 실패보다 성공 확률을 높이는 길이기도 하다.

셋째, 부동산 명의를 가족 법인까지 확장하는 것도 고려해볼 수 있다.

나이가 들고 자녀가 성장하면 증여나 상속에 대해 고민을 하지 않을 수 없다. 부모가 부동산을 소유하고 있다면 부모가 살아있을 때는 증여, 부모가 죽고 나서는 상속의 형태로 자녀에게 어떤 방법으로 할지 고민해보게 된다. 자산을 남겨주는 부모가 될 수도 있고, 빚을 남겨주는 부모가 될 수도 있다. 아니면 아예 없을 수도 있다.

노후가 돼서 죽음을 맞이하고 나면 부모가 남긴 모든 것이 자녀에게 넘어가게 된다. 사회로 환원하는 경우도 있지만, 일반적으로는 자녀에게 상속된다. 내 자녀는 나보다는 좀 더 여유롭게 살기를 원하는 것이 부모의 마음이다. 그런 의미에서 가족 법인을 활용해 처음부터 자녀도 지분으로 참여하게 하는 것을 고민하게 된다. 세무적인 자세한 부분은 세무 상담을 받고 진행한다.

사업을 준비할 때, 단기간을 목표로 하는 사람은 없다. 장기적으로 사업이 번창하기를 바라며 시작한다. 만약 중간에 사업을 접는다고 해도 그 장소를 임대를 놓을 수 있다. 상가나 건물을 초기에 매입할 때 모든 자금을 현금으로 하는 경우는 드물다. 대부분 대출을 이용해서 샀다가 사업을 통해 얻은 수입으로 대출을 갚아나가는 방식을 택한다. 좀 더 공격적일 때는 대출을 갚는 것이 아닌 다른 부동산 매입을 추가로 이어가기도 한다.

　자녀와 함께 하는 사업을 통해 '돈을 버는 즐거움'도 나누고 싶다.

7

세법은 절세다

'세금'이 이렇게 복잡한 줄 몰랐다. '세금'을 이렇게 많이 낼 줄 몰랐다.

'집 한 채'만 있을 때는 몰랐다. '연봉이 적을 때'는 몰랐다. '사업을 시작하기 전'에는 몰랐다.

'임대사업자가 되기 전'에는 몰랐다. '법인을 운영하기 전'에는 몰랐다. 근로 수입만 있을 때는 정말 몰랐다.

다주택자가 되고, 연 수입이 높아지고, 매출이 높아지면 알게 된다. 내 통장에서 세금이 쑥쑥 빠져나가는 것을 보고 나서야 실감한다. 세금을 왜 이렇게 많이 내지? 그러면서 알게 된다.

'아, 미리 비용 처리한 영수증을 모아두면 세금을 덜 내는구나. 비용도 처리하는 한계 구간이 있구나, 성실신고를 하면 세금을 덜 내는구나. 부동산을 사고파는 것도 기간을 지키면 세금을 덜 내는구나. 법인과 개인의 세금을 비교하니 법인이 세금을 덜 내는구나.' 하고 알게 된다.

내가 번 돈으로 산 부동산을 배우자나 자녀 명의로 바꿔주려고 하면 증여세를 내야 한다. 내가 힘들게 벌어서 산 부동산도 내 맘대로 가족이나 타인에게 주지도 못한다. 모두 세금을 내라고 한다. 그때 알게 된다. 사회는 1원도 스스로 일한 대가가 아니라면 세금이라는 명목으로 가져간다는 것을. 쉽게 버는 돈일수록 세금을 더 많이 낸다는 것을 알게 된다.

국민연금과 의료보험료가 너무 비싸다고 느껴진다. 병원에 잘 가지도 않는데, 매달 내는 의료비가 아깝게 여겨진다. 하지만 나이가 드신 부모님이 병원에서 치료받으실 때 알게 된다.

'내가 내는 의료보험으로 부모님이 현재 혜택을 받고 계시는구나.'

맞다. 성인이 되기 전에는 세금에 대해 크게 신경 쓸 필요가 없다. 버는 돈이 없으니 내는 세금도 없으니 말이다. 하지만 성인이 되고 사회생활을 하면서 피부로 와 닿는다. 흔히 학생들이 집에서 아는 사람들을 통해 과외할 경우 과외비는 세금도 떼지 않고 현금으로 받는다. 계좌이체를 하면 준 사람과 받는 사람이 누구인지 알 수 있으므로 현금으로 주고받는다. 돈을 벌어도 수입 신고하지 않으면 과세당국은 알지 못한다. 하지만 작은 가게나 편의점 등에서 일정 시간 일해주고 돈을 받을 때는 세금을 제하고 준다. 돈을 받을 때 이미 세금을 제하고 받게 된다. 이렇게 시작한 세금 납부는 평생을 따라다닌다.

세금 구조, 이제는 알아야 한다

부동산이나 주식 등을 거래할 때는 거래세를 알아야 한다. 부동산을 살 때는 취득세, 팔 때는 양도세를 내야 한다. 사는 금액과 파는 금액의 차이가 내 수익이라고 착각하는 경우가 많은데, 실수령액은 취득세와 양도세를 뺀 금액이다. 부동산을 보유하면서 내는 종부세나 재산세까지 감안하면 실제 수익률은 더 낮아지게 된다. 그래서 세금을 알기 전에는 부동산 매수를 뒤로 미뤄야 한다. 이렇듯, 처음부터 세금에 대한 부분을 고려하지 않고 신경 쓰지 않으면 시간 들여 힘들게 번 돈을 세금이라는 명목으로 자꾸 내야 한다.

사업을 시작하려면 사업에 관련된 세금을 알아야 한다. 부동산을 사고팔 때, 보유할 때, 내야 하는 세금을 알아야 한다. 가능하면 최대로 세금을 적게 내는 방법을 알아야 한다. 세법 자체가 어렵지만, 절세를 위해 세금 공부는 필수이다. 하지만 너무 복잡해서 알기 힘들다면 세법을 잘 아는 세무사에게 물어보면 된다. 보유한 자산이 많고, 매출이 높은 사업체가 있다면 세무사에 의뢰해서 기장을 맡기게 된다. 세금을 적게 내는 방법을 가장 잘 아는 사람은 세무사이니까.

사회인이란 세금을 내는 사람

사회에서 일하고 그 대가로 돈을 받을 때는 그 수입에 대한 세금을 나라에 내야 한다.

부모님의 보호에서 나오는 순간, 우리는 사회생활을 하게 된다. 사회라는 곳, 돈을 벌면 세금을 내야 한다. 결국, 나라의 주인이 국민이라고 말하는 이유도 국민이 세금을 내지 않으면 나라도 없기 때문이다.

사회생활에 있어 꼭 알아야 할 것이 세금 구조이다.

- 회사에 들어가서 일하고 돈을 받을 때도 세금을 제하고 받는다. '근로소득세'다
- 자영업은 부가가치세, 종합소득세를 내야 한다. '사업소득세'다.
- 부동산은 취득세, 양도세, 보유세를 내야 한다. '종합부동산 소득세'다.
- 법인은 법인세를 내야 한다.

또한 세금은 지방세와 국세로 구분되는데, 지방자치단체가 징수하는 세금인 지방세는 취득세, 재산세, 주민세, 자동차세 등이고, 중앙정부가 징수하는 국세는 소득세, 법인세, 상속세, 종합부동산세, 부가가치세, 양도세가 해당된다. 어떤 방법으로 무엇을 하든, 그 사이에서 발생하는 수익에 대해서는 모두 세금을 내야 한다. 그것이 국민의 의무이다. 하지만 이 세금도 항상 절세하는 방법이 있다. 그 방법을 미리 공부하고 대처하면 세금을 내는 금액을 줄일 수 있다.

8

포트폴리오를 재구성하자

포트폴리오…….

과거 10년 동안 기술을 장착한 것이 경매라면, 앞으로 10년 동안 기술을 장착하고 싶은 것이 글쓰기다. 글은 쓰면 쓸수록 더 잘 쓸 수 있는 기술이다. 분명 생각하고 표현하는 기술이 더 좋아질 것이다. 10년 전에는 자영업을 탈출하기 위해 전국을 다니면서 동적인 경매기술을 익혔다면, 지금부터 노후는 정적인 글쓰기를 해보려고 한다.

가치 있는 일에 대한 포트폴리오

기술은 한 개보다는 두 개 있으면 든든하지 않은가? 글쓰기 기술 또한 하루아침에 좋아지지 않을 것이다. 글쓰기 기술을 위해서는 책을 꾸준히 읽고 그 책 속의 내용을 해석하는 능력을 만들어가야 한다. 나에게 질문을 던지고 그 질문에 대해 글로 쓰기 시작할 수 있다면 그다음에는 추가로 이어갈 수 있는 것이 많아진다. 글쓰기는 모든 것의 중심에 있다. 글쓰기는 내 마음을 표현하고 전달하는 매개체다. 글쓰기를 통해 추가로 이어가고 싶은 것이 많아졌다.

기술통장, 경매와 글쓰기 실행 지침

1) 경매물건 찾기 (매주 1회)
2) 경매물건 임장하기 (매주 1회)
3) 모닝 일기와 감사일기 쓰기 (매일 30분)
4) 산책하기 (매일 40분)
5) 책 읽기 (매일 1시간)
6) 필사와 글쓰기 (매일 2시간)
7) 유튜브 영상 올리기 (매주 5회)

경매는 물건을 찾는 자에게 기회가 있다. 글쓰기는 매일 반복해서 생각을 키우고 표현해야 한다. 경매는 남편과 함께하고 있어서 물건만 찾으면 다음 절차의 70%는 남편이 진행하고 30%는 함께한다. 그리고 부동산 관리는 거의 남편 몫이다. 내가 새롭게 글쓰기에 집중할 수 있는 것 또한 남편이 함께해주기 때문이라고 생각한다. 항상 응원해주는 남편이 고맙다.

지금부터 시작하는 글쓰기를 통해 노후 청사진을 그려본다. 글쓰기가 좀 더 자유로워지면 추가로 하고 싶은 것이 있다. 바로 해마다 전자책 1권씩 발행하고, 3년마다 종이책 출간이다. 이 책을 완성하면 3번째 책이다. 부동산 투자를 시작하고 10년 안에 3권의 책이 완성되는 것이다. 3권의 책 속에는 나의 10년이 고스란히 기록되어 있다. 처음에는 몰랐는데 요즘에는 앞의 출간한 두 권의 책을 읽으면 뿌듯하다. 돈이 없었어도, 힘들어도, 계속 실천으로 이어온 나의 시간이니 말이다. 책은 매력이 있다.

글쓰기도 정년이 없으니, 노후에도 새로운 것을 배우고, 배움의 과정을 통해 성장하는 내용을 글로 남겨서 나눔을 계속 이어가고 싶다. 10년 단위로 3권의 책을 기록으로 남긴다면, '인생 기록이 되지 않을까!'라고 생각하니 벌써 노후가 기대된다. 노후에도 경험할수록 적금처럼 쌓일 경매와 글쓰기의 기술통장이 있어 든든하다. 내가 만약 3번째 책을 출간하게 된다면 난 그때 나를 '작가'라고 소개해야 한다고 생각했었다. 과연 3번째 책을 낼 수 있을까, 과연 언제 가능하겠냐고 기대했던 그날이 바로 2023년이어서 감사하다.

이렇게 두 개의 기술통장으로 앞으로 어떻게 자산을 구성해 나가야 할까?

'부자의 자산 포트폴리오는 어떻게 구성되어 있을까, 부자의 기준은 얼마 정도일까?'라는 의문이 생겨 하나금융연구소에서 발간한 '2022년 한국부자보고서'에 찾아보았다. 부자의 기준을 금융회사와 거래하고 있는 금융자산이 가구당 10억 원 이상 보유자라고 정의하고 있다. '금융자산 10억 원 보유'는 결국 즉시 현금화할 수 있는 자산을 뜻한다.

부자의 부동산 자산 비중은 58%, 금융자산 비중은 40%, 기타 자산(금, 예술품) 비중은 2%인 것으로 나타났고, 부동산 자산 비중은 거주목적 주택 39%, 투자목적 주택 9%, 상업용 부동산 38%, 토지 14%로, 실거주를 제외한 투자목적 부동산은 상업용에 집중된 것을 알 수 있다. 대중 부유층의 부동산 자산 비중은 74%, 일반 대중의 부동산 자산 비중은 89%인 것으로 나타났다고 보고되어 있다.

부동산 자산의 경우 대부분 대출이나 전세보증금을 레버리지로 활용하고 있으므로 순자산으로 환산하면 총자산 규모와는 다르다. 나의 상황을 검토해 보면, 나의 자산 비중은 80%에 육박한다. 그것도 주거용 주택에 집중되어 있다. 그동안 열심히 달려오면서 자산의 비중을 분산하지 못했다. 이를 토대로 앞으로 10년 동안 재정비할 포트폴리오의 기준을 세운다.

자산 포트폴리오는 이렇게

첫째, 주거용 부동산 중 수도권, 1억 원대 주택은 월세 수입용으로 좋다.

현재 보유하고 있는 수도권 1억 대 부동산은 하나씩 월세로 전환할 계획이다. 과거 대출과 보증금을 지렛대로 해서 월세를 받던 빌라는 현재 전세로 전환해서 임대사업자로 묶어놓았다. 차후 임대사업자 의무 기간이 만료되면, 전세를 월세로 전환해서 월세 수입을 높이고 그다음 임대차 만기가 돌아올 때마다 1채씩 매도할 계획이다.

월세는 연 2,000만 원까지만 분리 과세이므로, 보증금을 조정해서 1채당 50만 원의 월세가 나오게 해서 3채 정도까지만 월세로 전환할 계획이다. 부부가 각각 3채씩이면 300만 원 정도의 월세 수입이 가능해진다. 수도권 1억 대의 주택은 빈방 없이 전,월세 수요가 많아 공실의 위험이 적고 오래 보유하다 개발 계획에 들어가면 시세차익도 가능하다. 부동산은 매년 경매로 2채씩 낙찰을 목표로 하고, 부동산 보유개수는 10개 미만으로 조정한다.

둘째, 실거주용 부동산은 노후를 위해 갈아탄다.

현재 임대사업자를 포함해 다주택자라 취득세가 중과된다. 만약 취득세가 완화되는 시점이 오면 실거주 집을 갈아타기 좋은 시기일 가능성이 크다. 그만큼 부동산 시장의 가격이 조정되었을 가능성이 크니 말이다. 실거주는 급한 게 아니므로 10년 이내 갈아탈 계획이다. 시간이 넉넉해서 하락장에 적극적으로 경매를 활용할 계획이다. 차후 노후 생활비가 필요해서 주택연금으로 전환한다고 가정하면 주택가격 9억 원을 기준으로 80세에는 약 300만 원 이상 주택연금을 받을 수 있다.

셋째, 상업용 부동산은 법인을 이용한다.

앞으로 매입할 상업용 부동산은 가족 법인으로 운영할 계획이다. 향후 3년~5년 사이에 집중적으로 접근할 계획이다. 상업용 부동산은 금리의 영향을 많이 받는다. 2023년 1월 현재를 기준으로 기준금리는 3.5%이다. 금리도 계속 변동되니 계속 모니터해야 한다. 상업용 부동산은 대출을 최대로 받아서 지렛대로 활용하기 때문에 월세 수입과 대출이자 납부를 비교하면서 결정해야 한다.

넷째, 가족 법인으로 사업을 시작한다.

가족 법인을 계획하는 이유는 자녀에게 증여하는 계획을 포함하고 있다. 더불어 사업하는 방법도 알려주고 싶다. 자영업이 사업인 줄 알고 생활했던 10년을 자녀에게는 자영업은 사업이 아니라는 것을 알려주고 싶은 마음이 더 크다. 평생 직장 생활을 해야 한다고 말하고 싶지 않다. 아이디어만 있으면 사업은 누구나 시작할 수 있고 성장시킬 수 있다는 것을 믿는다. 그래서 내 남은 노후 기간에 도전하려고 한다.

나에게는 두 딸이 있다. 여자의 일생은 일정하게 루트가 있다. 그렇다고 모두 같지는 않지만, 결혼을 하게 되면 일과 자녀 양육으로 매진해야 할 시기가 최대 20년이다. 20년은 제2 인생의 정점을 찍게 될 것이고, 이때는 시간과 돈과 전쟁을 해야 한다. 만약 두 딸이 양육을 위해 회사를 그만두고 싶을 때 과감하게 그만두어도 된다고 말해주고 싶다. 그 대안이 가족 법인이다. 회사를 그만두어도 시간을 충분히 활용하면서 수입이 들어오는 구조, 그 중심에는 부동산 임대와 사업, 그리고 시세차익이 가능하다는 것을 알려주고 싶어서 계획하다 보니, 나 자신에게도 자극이 되고 흥분이 된다.

하고 싶은 프로젝트가 있다는 것은 긍정적인 영향을 준다. 사업의 매출 규모에 따라 월 급여나 배당금을 받을 수 있다.

다섯째, 주식은 시가 총액 1위 기업을 위주로 적금처럼 매월 매수한다.

현재 나는 주식투자를 잘할 가능성이 작다. 경험이 부족하지만, 꾸준히 관심을 두고 주식을 사 모으다 보면 경제와 금융에 대해 더욱 관심을 두게 될 것임을 안다. 부동산 이외의 금융상품에 관심도를 높이기 위해서 매월 꾸준히 매수하려고 한다. 주식통장은 80세 이후에 사용할 비상금 통장이다. 이 외의 금이나 그림 투자는 차후 현금 자산이 증가하면 검토해 볼 예정이다.

60대까지는 활발하게 활동하면서 자산 포트폴리오를 완성한다. 10년 동안 부동산 자산 비중은 60%, 금융자산 비중은 40%로 조정하는 것이 목표이다.

미래를 상상하는 것만으로 이미 행복하다.

6장

노후를 준비하는
자산 증식 7단계

1
은행을 이용하자

저금한다. 저축한다. 목돈을 마련한다. 모두 돈을 모은다는 뜻이다.

돈을 모으는 이유는 무엇일까?

1986년, 고등학교 졸업 후 첫 직장에 취업했을 때 첫 월급이 18만 원이었다. 35년의 세월이 흘렀음에도 또렷이 기억이 난다. 월급봉투에 현금이 가득했다. 처음으로 그렇게 큰돈을 만져보니, 집에 가는 길에 혹시 소매치기라도 당할까 봐 가방을 앞으로 메고 꼭 붙들고 집으로 향했다.

당시에는 소매치기가 많았다. 특히 월급날에는 주변에서도 소매치기당하는 경우를 볼 수 있었고, 시간이 흘러 나도 그런 경험이 있었기에 월급날은 곧바로 집으로 향하곤 했다.

당시 은행에 저축하는 것보다 부모님께 전액을 드렸었다. 은행을 이용해보지 않았기에 돈 모으는 방법을 몰라 용돈을 제외한 월급을 엄마에게 드리면 엄마는 그 돈으로 일부는 생활비로, 일부는 곗돈을 부었다.

내 월급은 내가 관리한다

시간이 지나면서 월급을 부모님께 드리는 것보다 내가 직접 관리하고 싶었다. 월급 관리는 내가 하고 싶다고, 저금도 은행에 하겠다고 말씀드리고 생활비만 따로 드리니, 내심 부모님은 '섭섭해라.' 하셨고, '결혼할 비용은 네가 모아서 가.'라고 하셨다. 그런 소릴 듣는 나도 내심 섭섭했지만, 집안 살림이 어려운 것을 잘 알고 있었고, 이제 성인이 되었으니 경제적인 부담은 드리고 싶지 않았다. 그렇게 온전하게 월급 받은 돈을 내가 직접 관리하기 시작했다. 그리고 월급에서 상당한 부분을 은행에 저축하기 시작했다. 당시에는 '재형저축'이라는 것이 있었다. 기간도 선택할 수 있었는데, 나는 5년 만기 상품에 들었다.

'재형저축'이란 적금은 당시 금리가 20%를 넘었다. 정부에서 금리를 지원해주는 상품으로 다른 적금 금리에 비해 이자가 높았고 비과세 상품이었다. 당시 모든 근로자는 무조건 재형저축을 들었다. 이자율이 높아 목돈마련으로 최고의 상품이었기 때문이다. 지금의 금리와 비교해 보면 상상도 못 하는 이자율이다.

맞다. 돈을 벌기 시작하면서 그 대가로 수입이 생기면, 그때부터는 돈 관리를 시작해야 한다. 특히 목돈 마련은 필수이다. 돈을 모으는 목적은 각자의 상황에 따라 다를 수 있다. '결혼, 내 집 마련, 사업, 여행' 등 내가 원하는 목적에 맞는 돈을 모아야 그다음을 기약할 수 있다. 특히 저축은 기본이다. 그런데 한 가지 문제가 있다. 1년, 3년, 5년은 기간을 정하고 적금을 들기 시작해도 그 중간에 급한 일이 생겨 적금이 만기도 되기 전에 해약하는 이유나 상황이 전개된다.

내 경우에는 그랬다. 5년 만기, 60개월은 생각보다 지루하고 길다.

만기가 되어야 약속했던 이자를 받을 수 있기에 해약하지 않으려고 아등바등했다. 감사하게도 5년 동안 해약하지 않고 저축하는 습관을 들였더니 자연스럽게 지출하는 것도 통제가 되었다. 저축하기 위해 아껴 써야 했다.

나를 위한 저축은 필수

목돈을 마련하는 비결은 간단하다. 은행에 저축하는 것이다. 여기서 꼭 지켜야 할 약속은 중간에 해지하지 않는 것이다. 금리는 시기에 따라 계속 변하고 있기에 적금을 드는 당시 이율이 높거나, 비과세 상품 등 만기 때 실제로 수령액이 높은 것을 선택하면 된다. 저축의 힘은 우선 습관이기 때문이다. 저축하는 힘을 기르면 자연스럽게 지출을 통제하게 된다.

그럼 저축은 얼마를 하는 것이 적당할까?

저축은 수입의 적고 많음과 연결된다. 나는 수입이 생기면 6개의 통장으로 나눠 비율적으로 저축하라고 추천하고 싶다. 월급의 30%는 기간을 1, 2, 3년으로 나누어 3개의 통장으로 저축을 하고, 10%는 예비비, 10%는 자기 계발비, 50%는 생활비로 구분한다.

은행 금리가 낮을 때는 저축에 관한 관심도 낮지만, 금리를 떠나 저축하는 습관을 들이기에는 매달 일정 금액을 넣는 적금을 드는 것이 가장 좋다. 은행 금리가 높을 때는 '적금 풍차 돌리기'라는 방법을 활용하기도 했었다.

만약 120만 원을 적금할 계획이라면 목돈을 한 번에 넣는 것이 아니라, 매달 적금통장을 개설해서 월 10만 원씩 12개월, 1년 기간의 적금을 드는 것이다. 1월부터 12월까지 적금을 10만 원씩 나눠서 계속 저축하면 그다음 해 1월에 1년 만기가 된 적금통장에는 원금과 이자를 받게 된다. 목돈으로 120만 원을 저금하는 것과 매월 10만 원씩 저축하는 것의 수익은 크게 다르지 않지만, 급하게 자금이 필요할 때는 일부만 해지하고 나머지는 계속 저축을 이어갈 수 있다. 그리고 적금 만기가 되었을 때의 기쁨을 매달 느끼며 웃을 수 있다.

2023년 최저시급인 9,620원을 하루 8시간, 주 5일, 주휴시간 35시간을 포함해서 209시간을 적용하면 예상 월급은 201만 원 정도 된다.
예를 들어 월수입 300만 원이라고 가정하면

월급의 10%인 30만 원은 3년 적금 (없는 돈)
월급의 10%인 30만 원은 2년 적금 (종잣돈)
월급의 10%인 30만 원은 1년 적금 (종잣돈)
월급의 10%인 30만 원은 1년 적금 (예비비)
월급의 10%인 30만 원은 저축통장 (계발비)
월급의 50%인 150만 원은 저축통장 (생활비)

결국 수입의 50%에서 생활비로 충당하고 나머지는 저축하는 것이다. 여기서 주거비용을 따로 내야 한다면 저축할 수 있는 금액은 상대적으로 적어진다. 자녀가 성년이 되어 세대를 분리하는 경우도 있지만, 가능하면 결혼 전에는 주거는 부모님이나 회사에서 제공받을 수 있다면 그 방법을 활용하는 것이 저축하기에 더욱 유리하다.

수입의 10%는 '없는 돈'이라고 생각하자

적금의 기간을 1, 2, 3년으로 구분해서 드는 이유는 목돈을 깨지 않기 위한 장치다. 만약 꼭 돈이 필요한 상황이 발생하면, 그때는 계발비, 예비비, 1년 적금 2년 적금 순으로 꺼내서 쓰면 좋다. 하지만 3년 적금 10%는 절대로 해약하지 않고 무조건 계속 모아야 한다.

어쩌면 내가 하지 못한 것이 바로 10% 저축이다.

결혼하고 실거주 집을 장만한 이후로는 대출이자 갚느라 저축은 뒤로 미루게 된다. 수입은 일정한데 지출이 많아지는 시기가 되면 자연스럽게 저축하는 금액을 줄이게 된다. 수입을 더 늘리면 좋으련만 마음대로 안 된다. 이때 자금 운용을 잘못하면 돈을 모으지 못하고 마이너스로 전환하게 된다. 수입 전액을 비용을 다 써버리면 남는 것은 결국 하나도 없게 된다.

수입의 10%는 아예 없다고 생각하자. 평생 찾지 않겠다고 생각하자. 어떠한 상황에서도 수입의 10%는 꾸준히 저축하는 습관을 들이도록 노력하자. 5년, 10년 계속 수입의 10%를 모은다면 분명 부자가 되는 힘이 생긴다. 단 수입이 올라갈수록 저축금액은 높이고 지출은 줄여야 한다. 내가 원하는 목표 금액까지는 저축을 우선으로 해야 한다. 종잣돈을 모으기에는 은행을 이용해서 저축하는 것이 최고이다. 자신의 수입의 10%는 아예 없는 돈으로 생각하고 꾸준히 모으자. 이것이 부자로 가는 첫걸음이다.

2

지출을 통제하자

예산을 짜지 않고 지출하면 통제하기 어려워진다.

'생활하는 것이 다 똑같으니 뭐~~'라고 생각하고 쓰기 시작하면 안된다. 우선 자신의 예산을 정하고 그 예산으로 생활할 수 있는지를 먼저 점검한다. 앞에서 생활비는 급여의 50%에서 우선 적용하면 좋다고 했다. 사실 급여의 50% 안에서 생활비를 쓰기에는 부족하다고 생각될수 있다. 하지만 무작정 부족하다고 생각하지 말고 우선 자신의 지출항목을 정리해보는 것이 우선이다. 지출항목을 줄이고 줄여도 정말 부족하다고 생각되면 그때 수입의 60%까지 높인다.

지출하는 항목은 1인, 2인, 3인, 4인의 구성원에 따라 달라진다. 특히 주거 마련하면서 발생하는 대출 원금상환과 대출이자가 있다고 하면, 저축하는 10%를 제외하고는 모두 생활비로 써야 할 수도 있다. 실거주 집을 마련하게 되면 주택담보대출을 받는 경우가 대부분이라 이에 따른 비용을 미리 검토해야 한다.

생활비는 구성원에 따라 달라진다

생활비도 사람의 구성원에 따라 달라질 수밖에 없다. 직장생활을 한다면 20대, 30대, 40대 순으로 나이가 들수록 수입이 올라간다. 50대가 돼서는 퇴직의 가능성이 있으므로 논외로 하겠다. 비용 또한 싱글인 20대가 가장 지출이 적고, 결혼해서 부부가 맞벌이할 때까지가 최절정으로 비용보다 수입이 많아 저축하기 좋다. 하지만 30대에 자녀가 생기면 그때부터는 얘기가 달라진다. 돈은 수입 대비 지출이 많아져 저축하기는 더욱 어려워지기 때문이다.

더욱 자금계획이 필요하다. 과거 나의 경우를 들면, 20대 결혼 전까지는 지출보다 저축이 더 많았고, 결혼하고 나서 자녀가 생기기 전까지는 수입의 50%는 무조건 저축했다. 이유는 둘째 아이 낳기 전까지는 내 집을 갖는 것이 목표였기 때문이다. 두 아이를 낳고 전세나 월세로 이사 다니는 것만큼은 하고 싶지 않다는 것이 우리 부부의 생각이었고, 첫째 아이 낳고도 맞벌이하는 이유였다. 결국 둘째 아이 낳으면서 분양받은 아파트에 입주가 가능했다. 결혼한 지 5년 만에 내 집을 마련할 수 있었다. 이렇게 돈을 모으는 목적과 목표 금액 그리고 기간이 정해져야 한다.

지출에 대한 계획을 세우는 방법은 월수입에서 저축하는 방법과도 연계가 된다. 저축은 총 6개의 통장을 만들라고 했다. 여기에서 생활비는 고정으로 계속 쓰일 금액이므로 줄이면 안 된다. 내 집 마련을 하게 되면 예비비 10%와 계발비 10%를 합한 20%를 대출 원금과 이자 상환으로 돌린다. 만약 대출금액이 많다면 10%를 더 늘려 30%까지 가능하다. 그리고 아이를 낳는다면 한 자녀당 10%를 적용하는 방법이다. 이렇게 하면 자녀 두 명이면 수입의 20%를 적용한다.

1인 가구에서 4인 가구까지 인원수가 늘 것을 감안해서 처음부터 비용은 수입의 50% 이내로 정한다면, 4인 가족이 되어도 수입의 10%는 계속 저축을 할 수 있다.

지출 비용의 항목은 계속 늘어난다

주거비, 식비, 교통비(대중교통 or 자동차 유지비), 통신비, 건강보험. 국민연금, 실비보험, 소모품비, 기타비용이다. 이 중에서 가장 비중을 많이 차지하는 것이 주거비이다. 하지만 주거비는 실거주 집을 마련하는 경우, 추가적인 20%~30% 저축했던 돈으로 대체하면 된다. 또 한 가지 중요한 것은 생활비는 50% 안에서 결정하라는 것이다. 그리고 자녀가 생기면 교육비에 대한 고민이 필요하다.

자녀에게 모든 것을 다해주고 싶은 것이 부모의 마음이다. 여력이 된다면 충분히 교육받을 환경을 마련해주고 싶은 마음이다. 하지만 해주고 싶은 마음과 부족한 돈은 현실에서 분명 부딪치게 된다. 자녀의 교육비가 지출 통제의 가장 큰 난관이다. 이 시점에서 수입을 더 늘리지 않는다면 수입과 지출의 균형이 깨지게 된다. 수입을 더 늘리는 방법을 고민하거나 지출을 추가하지 않으면서 교육하는 방법에서 나는 과연 어떤 선택을 해야 하는지 고민해보면, 이런 결과가 나온다.

'돈을 더 벌어야겠다.'

맞다. 20대에서 50대까지 나이가 들수록 수입을 더 늘리는 방법을 고민하지 않을 수 없다.

자녀를 양육하는 사이 맞벌이가 외벌이로 바뀔 수 있고, 외벌이에서 직장을 잃을 수도 있다. 반대로 외벌이에서 맞벌이로 바뀌게 된다. 전업주부였던 엄마들이 일해야겠다고 결심하게 되는 가장 큰 이유, 그것이 바로 자녀의 '교육비'다. 그래서 흔히 이렇게 말한다.

"우리 아이 학원비 벌러 간다."

지출 통제에는 한계가 있다

한 가족 구성원에게 꼭 필요한 지출은 해야 한다. 그래야 삶의 질이 올라간다. 결국 시간이 지날수록 지출은 최대한 통제하되, 수입을 늘리는 방법을 모색해야 한다. 지출하는 비용을 계속 같은 수준에서 제한만 한다면 생활의 범위가 너무 한정된다. 생활은 항상 같은 곳만 바라보며 자신만의 세상에 갇혀 있으면, 다른 세상은 어떻게 돌아가는지 기회가 있는지조차 모르고 자신의 우물 안에 갇히게 된다.

세상을 바라보는 눈을 키워야 좀 더 삶을 확장할 수 있기에, 수입과 더불어 지출도 늘려가는 삶을 살아야 한다고 생각한다. 배우고 싶어 학원에 가고 싶은 아이에게 돈이 없어 보내지 못하는 부모가 되지는 말자. 꼭 필요한 것은 해줄 수 있는 부모, 그래서 부모도 아이도 함께 활짝 웃는 모습을 그려보자.

경험이 많을수록 지혜가 생긴다. 경험을 위해 필수적으로 들어가는 돈은 마련해야 한다고 생각한다. 돈을 쓸 수 있는 자금을 마련하는 것! 그 지혜를 찾는 방법은 일찍 시작할수록 유리한 부자 습관에서 팁을 얻을 수 있다.

1단계는 수입의 50%만 지출하고 나머지는 저축을 통해 종잣돈을 모은다.

2단계는 지출을 통제하되, 가족 구성원이 늘어나는 만큼 수입을 늘려야 함을 인지하자.

지출을 통제하자, 이것이 부자로 가는 두 번째 조건이다.

3

본업에서 확장하자

'수입을 늘리고 지출은 통제하자.'라고 말하면 지출은 통제하겠는데 '수입을 어떻게 늘려야 하지?'라는 생각을 할 것이다. 말이 쉽지, 수입을 늘리는 것은 내 맘대로 되지 않는다.

수입을 늘리는 방법으로는 3가지가 있다.

첫째, 승진하는 것
둘째, 사업하는 것
셋째, 투자하는 것

투자와 사업은 기존 본업을 하는 상태에서 추가로 하는 것을 기준으로 한다.

지금 하는 일을 인정하자

본업은 직장생활이나 자영업 등 현업을 얘기한다. 현업을 하기 위해 그동안 노력해왔다. 초, 중, 고등학교 12년 공통 교육과정과 자신이 선택한 분야의 대학에서 공부를 2년~4년 아니면 그 이상을 공부했다. 최근에는 대학원까지 해서 20대를 학습의 시간으로 보내는 경우가 많다. 가방끈이 길수록 더 높은 연봉을 받는 일을 찾을 것이고, 그에 따라 수입도 올릴 수 있다. 하지만 학업의 기간이 수입과 정비례하지는 않는다. 공부를 잘하느냐와 일을 잘하느냐는 또 다른 개념이기 때문이다.

내가 일하고 있는 현업은 만족하든 만족하지 않든 지금 내가 가장 잘할 수 있는 분야라는 것을 인정하는 것이 최우선이다. 우리는 항상 현재가 불만이라 다른 더 좋은 것을 바라고 찾는다. 그런 과정에서 현업은 불만의 대상이 된다. 이유는 힘들고, 일한 것보다 대가가 적다고 생각하기 때문이다. 내가 일한 만큼만 받아도 좋은데 현실은 내가 일한 만큼도 못 받고 있다는 생각이 든다. 현재를 부정하면 미래도 부정하게 될 가능성이 크다. 내가 지금 하는 결과물에는 초, 중, 고, 대학교의 생활이 녹여져 있다.

새로운 분야를 찾으려면 또 그와 비슷한 시간이 걸릴지도 모른다. 그런 의미에서 나는 지금 하는 현업을 본업이라고 정하고, 그 본업에서 확장하는 방법을 연구해보자고 말하고 싶다.

본업에서 확장하는 사업으로 가는 기간을 장기적인 안목으로 접근하는 것을 추천한다. 솔직히 본업에서 계속 일하는 능력을 인정받아 승진하면서 그 대가로 연봉을 올리는 것이 가장 좋은 방법이다. 해당 분야에서 10년 이상 일하면 달인 소리를 들을 수 있어야 한다. 하지만 10년 이상 장기 근속하는 경우는 시대 흐름에 따라 그 기간이 짧아지고 있다. 요즘 젊은 층에서는 충성 직장의 개념보다 나의 가치를 인정해주는 곳, 급여를 많이 주는 곳이라면 이직하는 것을 당연하게 받아들인다. 그래서 첫 사회생활을 시작하는 20대에서 30대는 이직을 많이 한다. 10년도 안 되는 동안 해당 분야에서 능력을 충분히 쌓았다고 하기에는 부족한 시간이다. 하지만 이직하는 것이 나쁜 것도 아니다. 나에게 맞는 직업군을 찾는 과정은 정말 중요하기 때문이다.

나는 직장을 바꾸되 직업을 바꾸는 것은 고려해보라고 말하고 싶다. 나의 적성에 맞는 직업을 찾는 것이 가장 우선이고 해당 직업군에서의 이직을 통해 경력을 쌓아 가는 방법이다. 한 분야에서 10년 이상이면 해당 분야의 고수라고 인정받을 수 있게 열정을 다해보자.

자기 계발이 필요하다

직업군을 찾고 해당 분야에서 성과를 올리는 방법으로 자신에게 투자하자. 업무와 관련된 분야의 책을 읽고 분석하면서 더 좋은 성과를 낼 수 있을지 고민해보는 것이다.

그 방법으로 한 가지 예를 들자면 네이버 블로그를 하는 것이다. 블로그는 전 국민이 보고 필요한 것을 찾아보는 '지식창고'이다. 누군가에게 도움이 되는 정보성 글은 돈이 된다. 기록으로 돈을 계속 쌓이게 만드는 것을 첫 번째 목적으로 하면 세 가지를 잡을 수 있다.

첫째, 글 쓰는 실력이 향상된다. 글 쓰는 능력은 다른 사업모델로 확장할 수 있는 기본이다.

둘째, 인플루언서까지 도달하면 수입이 늘어난다.

셋째, 인플루언서 활동을 통해 다른 사업 제안을 받을 수 있다. (책 출간, 홍보 등)

블로그를 1년, 3년, 5년까지 이어지는 과정에서 본업과 더불어 다른 사업의 모델을 발견하게 될 것이다. 그 가능성에 꿈을 싣고 희망을 실어서 글로 표현해 보자. 블로그가 아니라면 유튜브를 하는 것도 추천한다. 유튜브도 본업과 연관된 경험을 넣은 내용을 소개하면 정보의 신뢰도가 높아져서 조회 수가 올라가고 결국 수입으로 연결된다. 이 외에도 다양한 플랫폼을 찾아보면, 할 수 있는 것이 많다는 것을 알게 될 것이다. 내가 찾지 않았기 때문에, 내가 보는 범위가 한정되어 있으므로 보이지 않은 것이다.

맞다. 수입을 올린다는 것은 수요를 찾는 것이다. 수요는 원하는 것이 해소될 때 늘어난다. 그 과정에는 '정확한 고급 정보', '재미', '웃음', 그리고 '마음을 편안하게 해주는 감성'을 다 주면 좋겠지만 한꺼번에 욕심낼 수는 없다. 이 중의 하나를 줄 수 있다면 도전해보자. 추가 수입은 나만의 플랫폼에서 창출해보자.

그래서 가장 쉽게 소재를 찾을 수 있는 '본업에서 확장하라.'라고 강조한다.

4

돈의 논리를 이해하자

'돈은 돈이 있는 곳에 모여든다.'라고 말한다. 그래서 종잣돈을 모으려고 애쓰는 것이다.

나는 '대출이 있으면 대출이 계속 늘어날 가능성이 크다.'라고 말하고 싶다. 목돈을 모으지 못하고 빚, 즉 대출로 시작한 돈은 대출금액이 0원이 되기가 어렵고, 0원이 되기까지 시간이 오래 걸린다.

예를 들어 지출을 통제하지 못해서 수입보다 비용이 더 커진다면, 그 초과한 금액을 메꾸기 위해 대출을 더 받는 구조로 바뀌기 때문이다. 그 강도가 심해지면 신용대출, 카드대출 등 이율이 높은 곳으로 흘러가게 된다. 선순환과 악순환의 공통점은 순환이라는 단어다. 좋은 쪽으로든 나쁜 쪽으로든 계속 순환하게 되어 있다. 물이 고여 있으면 썩듯이 고이지 않기 위해 계속 높은 곳에서 낮은 곳으로 계속 흐른다. 선순환보다 악순환의 속도가 더 빠르게 느껴진다. 돈을 모으기는 어려운데, 지출하기는 너무 쉽기 때문이다.

좋은 대출과 나쁜 대출

대출에도 좋은 대출이 있고, 나쁜 대출이 있다. 좋은 대출은 은행과 같이 일하는 구조다. 은행은 예금자의 돈으로 타인이나 기업에 대출해 주고 차액을 수입으로 한다. 만약 대출을 받아 투자해서 대출이자를 내고도 더 높은 이익을 얻는다면 이것은 좋은 대출이다.

또 사업을 할 때, 목돈이 부족해서 대출할 때도 사업지원자금 등 저금리로 대출받을 수 있다면 이 자금으로 사업을 통해 매출을 높이고 수익을 얻을 수 있다면 이 또한 좋은 대출이다. 집을 마련할 때 주택담보대출을 받는다면, 원금상환은 월수입으로 충분히 갚아 나갈 수 있어야 하고, 시세차익은 최소한 대출이자보다 높아야 한다.

실거주 집을 마련하기 위해 대출받는 것은 좋은 대출이다. 간혹 집에는 대출이 하나도 없어야 한다고 종잣돈을 모을 때까지 집 장만을 미루는 경우가 있다. 이렇게 하는 방법으로는 실거주 집 장만하기도 어려워진다. 우선 대출을 이용해서 실거주 집을 마련하고 대출을 갚아나가는 방식이 유리하다. 집값은 상승과 하락을 반복하지만, 장기적으로 물가상승률보다 높게 상승한다. 집값이 상승하면 대출금액은 상대적으로 낮은 비율이 된다.

그렇다면 나쁜 대출은 무엇일까?

대출받은 원금과 이자를 상환할 능력이 없을 때 받는 대출이다. 만약 대출을 갚지 못했을 때 다른 대안이 있어야 하는데 아무런 대안이 없다면 더 높은 금리의 대출을 받아 기존 대출을 갚는 방법을 사용할 가능성이 크다.

신용카드를 지출예산 범위를 초과하는 것은 나쁜 대출에 속한다. 다음 달 월급에서 신용카드 대금을 내면 되지라는 생각으로 우선 지출한다면 이것이 악순환으로 가는 시발점이 될 것이다. 매달 쓰는 지출을 통제하지 못하고 신용카드를 쓰는 것은 차후 현금서비스나 카드론 등으로 이용할 가능성이 커지게 된다.

시간이 지날수록 빚은 더욱 늘어나는 구조가 된다. 이 악순환에 빠지면 헤어 나오기 힘들뿐더러 신용불량자가 될 수 있다. 즉 나쁜 빚, 대출을 0원으로 만들기가 어렵다.

선순환구조를 이해하자

선순환구조를 이해하려면 은행의 운영 원리를 알면 쉽게 이해할 수 있다.

은행은 소비자의 예금을 장려하고 일정한 이율을 지급한다. 예를 들어 은행 예금 금리가 1년에 4%라고 한다면, 저축하는 금액을 1년 동안 4%를 주고, 그 자금은 대출이 필요한 사람들에게 6%의 대출이자를 받는다. 대출이자 6%, 예금이자 4%를 빼면 2%를 남겨 수익을 챙긴다. 결국 예금자의 돈으로 대출을 해주고 그 차액을 수익으로 남기는 구조다.

개인도 같은 방법으로 돈을 운영하면 된다. 한국은행의 기준금리는 높을 때도 낮을 때도 있다. 저축을 통해 목돈이 모인다면 은행의 금리를 기준으로 어느 곳에 투자대상을 찾을지 고민해야 한다. 은행의 예금 금리보다 높은 곳이 있다면 그곳에 돈을 맡기고 일정 수익을 받는 것이다. 조금 더 높은 수익을 고민한다면 대출이자보다 높게 수익을 창출할 수 있는 대상을 찾는 것이다.

수익률이 높을수록 원금을 지키기가 어려운 리스크를 감당해야 할 수도 있지만, 안전하게 갈지 지식과 정보를 통해, 리스크는 있지만 수익이 확실하다고 판단되면 더 높은 곳에 분산 투자를 하는 것도 가능할 것이다. 이렇게 목돈이 모이면, 수익률을 기준으로 은행과 투자대상과 비교한다. 만약 수익률이 은행이 높으면 은행에 예금을 해두고, 투자대상의 수익률이 높으면 그 대상에 돈을 넣으면 된다. 대출과 금리는 돈을 배우는 아주 좋은 재료다. 이를 잘 활용하면 돈을 굴리는 데 도움을 받을 수 있다.

은행이 아닌 투자대상 대표적인 것이 주식과 부동산이다.

나는 주식의 전문가도 아니고 실제로 주식은 ETF를 적금 형태로 모으고 있으므로 투자는 부동산을 대상으로 하고 있다. 특히 부동산도 사계절 언제든지 접근할 수 있는 경매의 기술을 장착한다면 은행의 수익률보다 높은 수익을 얻을 수 있다. 채권보다 안전한 것이 실물자산이라고 생각한다. 부동산은 눈에 보이는 실물자산이다. 무리하지 않고 재테크 대상을 찾는다면 장기적으로 수익률이 높아진다.

부동산의 첫 번째 목적은 실거주 집 장만으로 하면 리스크를 최소화할 수 있다.

5

실거주 마련은 최우선

우리는 온종일 사회에서 일하고 저녁이 되면 휴식할 수 있는 공간인 집으로 향한다.

만약 내가 쉴 공간인 집이 없다면, 갈 곳을 잃어버리게 된다. 방황할 것이다. 휴식할 수 있는 공간인 집에서 나를 기다려주는 부모님이 계시고, 배우자가 있고, 자녀가 있다면 더욱 발걸음이 가벼울 것이다.

편안하게 쉴 공간이 있는가

실거주할 수 있는 집은, 그 집이 크든 작든, 거리가 가깝든 멀리 있든 그 존재만으로 안식을 준다. 그래서 예로부터 의식주는 인간으로 살아갈 때 가장 기본이 되는 조건이다. 나 또한 결혼하고 맞벌이를 하면서 저축해 5년 만에 수도권의 택지지구에 분양하는 아파트 청약에 당첨되어 내 집을 마련했다.

결혼하고 전세 1,800만 원의 단독주택의 2층 방 한 칸에서 시작해, 방 두 칸짜리 아파트 1층에서 전세 4,000만 원으로 이사를 하고, 청약에 당첨되자 중도금 납부를 위해 보증금 2,000만 원의 빌라 반지하로 옮겼다. 그렇게 거주 환경이 나쁜 곳에서 생활하다가 24평의 방 3칸의 새 아파트에 입주했을 때는 모든 것을 다 가진 것처럼 행복했다. 다시는 이사를 하지 않아도 된다고 생각했고, 작은 평수이지만 자녀 한 명한 명에게 방 한 칸씩 내 줄 수 있었고, 아이들마다 취향에 맞게 도배도 해주고 분위기를 바꿀 수 있었다. 그리고 작은 거실이 있어 행복했다.

실거주하면서 자산 키우는 방법

아주 소소한 행복이 실거주 마련이라는, 다시 이사하지 않아도 되는 내 집이 있어 가능했다. 그 실거주 집은 10년이 지나니 집 가격이 두 배가 되었고, 또 10년이 지나니 다시 두 배가 되었다. 25년 차 아파트가 된 시점의 가격이다. 결국 내 집 마련을 하면서 대출을 받았지만, 시간이 흐르면서 집값이 오르니 대출받았던 금액은 집값 대비 낮은 비율이 되었고, 이자를 갚는 금액보다 시세차익이 더 커졌다. 만약 실거주 집을 장만하지 않고, 전세금을 올려주면서 이사를 했다면 지금 실거주 환경은 더 열악한 상황이었을 것이다.

여기서 추가로 실거주하면서 재테크를 이어간다면, 집을 주기적으로 이사를 해야 한다. 만약 나의 경우처럼 20평 실거주 집을 마련했다면 다음과 같이 단계별로 계획해보자.

첫 번째는 24평에서 32평으로 평수를 넓혀가는 것이다. 같은 지역 내에서 한 번 갈아타기를 하는 것이다.

두 번째는 사는 지역보다 조금 더 입지가 좋은 상급지 32평으로 옮겨가는 것이다.

세 번째는 전 국민이 가장 살고 싶은 최상급 지역의 32평으로 옮기는 것이다.

여기서 평수는 여건이 된다면 더 넓은 평수도 좋다. 하지만 저축하는 금액은 한정적이므로 지금처럼 3~4인 가족이 가장 선호하는 30평대에서 지역만 갈아타는 방법으로 주기적으로 이사를 한다. 여기서 주기적인 관점은 부동산에 대해 좀 더 자세히 공부해야 한다.

실거주 척도는 삶의 만족도

대한민국 1번지는 강남이라고 말한다. 하지만 모든 국민이 강남에서 거주할 수 없다. 자신의 일터에서 가까운 곳에서 실거주해야 한다. 실거주 집을 장만할 때 최종 목표를 해당 지역의 랜드 마크가 되는 대장 아파트(그 지역에서 가장 수요가 많고 그 지역 사람들이 가장 살고 싶어 하는 아파트)에 거주하는 것을 목표로 삼는다.

우리가 살아온 인생을 보면 제1의 고향은 부모님에게 물려받아 태어난 곳이고, 제2의 고향은 내가 일하고 실거주하면서 터를 잡은 곳을 말한다.

사람은 가까이에서 보면서 정을 나누고 희로애락을 같이 하는 사람이 있는 곳이 필요하다. 그래서 먼 친척보다 가까이 사는 이웃사촌이 더 낫다고 말하는 것이다.

삶의 터전이 된 지역에서 제일 좋은 아파트에 사는 것은 삶의 만족도 면에서 최고라고 생각한다. 꼭 강남이 아니어도, 실거주 집의 가격이 큰 폭으로 오르지 않더라도 삶의 터전인 지역에서 사는 것, 우리는 그런 집을 원하는 것이 아닐까!

전국의 아파트 가격을 보고 등급을 매기는 것보다, 삶의 터전이 되는 곳에서 가장 좋은 아파트 마련을 목표로 삼아보자. 그곳에서 함께 웃고 있는 모습을 상상하는 것만으로 행복하지 않은가.

6

7개의 통장을 만들자

실거주 집으로 갈아타면서 실거주가 안정적인 시점에서 통장을 다시 점검해야 한다. 처음 저축을 위해 6개의 통장을 만들었다면, 노후를 위해서는 7개의 통장을 계획한다. 가장 중요한 것이 수입의 다양화이다. 수입 통장 3개와 지출통장 4개이다.

수입 통장은 3개 준비한다

수입 통장은 바로 월세 통장과 나눔 통장 그리고 사업통장이다.

월세 통장은 노후를 위한 통장이다. 부동산의 자산을 통해 수입구조를 만드는 것이 가장 좋다. 똑똑한 두 채를 마련해서 한 채는 실거주하고, 한 채는 월세를 받는다면 이것 또한 좋은 방법이다. 단 대출이 없어야 하는 조건이다. 주택의 대출은 원금상환이 있어 매달 나가는 원금과 이자가 부담될 수 있다. 노후로 갈수록 대출은 부담스럽게 여겨지기 때문이다.

또 하나는 비주거용인 상가나 건물이다. 상가나 건물은 대출이 있어도 된다. 상가의 대출은 원금상환은 없고 대출이자만 갚으면 되기 때문에 월세 받는 것에서 대출이자를 빼고도 남는 구조로 만들어 놓는다. 여기서 수익률은 지역과 물건에 따라, 실제 투자금에 따라 달라진다.

다른 하나를 나눔 통장이라고 한 이유는, 노후가 될수록 몸은 쇠약해진다. 건강을 유지한다고 노력을 해도 노화로 인해 오는 것은 어찌할 수가 없다. 하지만 그동안 살면서 경험을 통해 배운 지혜는 그 누구보다도 현명할 수 있고, 또 새롭게 시작하는 누군가에는 도움이 될 수 있다. 그 노하우를 지속해서 알리는 방법이 '책 쓰기'이다.

요즘에는 종이책이 아닌 전자책으로도 출간하고 있으므로, 다양하게 접근할 수 있다.

만약 블로그나 유튜브를 통해 경험을 나누고 지속해서 수입을 창출하고 있다면, 그것도 포함한다. 즉, 노후가 될수록 꾸준히 경험 나눔을 통해 소통하는 방법을 모색해야 하고 그 방법이 콘텐츠 생산이라고 생각한다.

마지막으로 사업통장은 규모가 크든 작든 상관없다. 그동안 기술로 익혀온 부분을 사업으로 확장할 수 있다. 필자의 경우는 경매기술을 익혀왔으니 그와 관련한 차익이 수입이 될 수 있겠다. 각자 그동안 살아오면서 능숙하게 할 수 있는 분야에서 노후에도 이어가는 방법을 고민해보자. 그래서 나만의 사업통장에 어떤 기술을 녹여낼지 모색하면 분명 방법이 생긴다. 인생은 그냥 살아지는 것이 아니기 때문이다. 삶에

녹여온 경험을 통해 누구에게나 기회가 있다고 생각한다. 단지 그것을 찾으려고 노력했느냐 아니냐의 차이다. 만약 회사를 계속 다니며 월급을 받고 있다면 급여도 여기에 해당한다.

지출통장은 4개로 재정비한다

한참 돈을 모아 종잣돈을 마련할 때는 적금통장 기간을 1년, 2년, 3년으로 달리해서 목돈마련, 예비비, 개발비 명목으로 수입의 50%를 적금했다가 집 장만과 자녀 양육비로 대체하면 좋다고 했다. 집과 자녀의 양육이 어느 정도 마무리된 시점에서는 수입의 30%를 노후를 위한 통장을 준비하는 것이 좋다.

지출은 생활비는 수입의 50% 이내로 고정하고, 적금 10%, 주식 10%, 여행 10%로 구분해서 매월 저축한다. 나머지 20%는 여유자금으로 따로 관리한다. 4개의 통장 중에서 생활비 통장은 지출하고, 적금, 주식, 여행 통장은 돈을 모으는 적금인데 지출로 분리하는 이유는 노후에 쓰기 위해 모으는 통장이기 때문이다.

특히 여행 통장을 별도로 만든 이유는 노후가 되어도 자녀들과 함께 여행할 때 여행비는 쏠 줄 아는 부모가 되고 싶어서이다. 우리 세대는 부모를 부양해야 한다는 의무감이 있다. 평생 자녀를 키우며 고생하신 부모님을 부양하는 것은 당연하다고 생각하지만, 또 당연하다고 말하고 싶지는 않다. 이 세상에 당연한 것은 없다. 서로 간의 관계가 있을 뿐이다.

부모는 부모대로 자녀는 자녀대로 살아가는 방법이 있다. 최소한 자녀에게 짐이 되거나 부양할 의무를 물려주고 싶지 않다.

왕성하게 활동할 수 있는 시기를 개인적으로 65세까지로 보고 있다. 그 이유는 2022년을 기준으로 교육공무원의 정년은 만 62세, 대법원에서 육체노동자의 근로 정년 기준을 만 60세에서 만 65세로 늘렸다. 국민연금 수령 나이도 평균 수명이 늘어남에 따라 출생연도에 따라 차등을 두고 있지만, 1969년 출생 이후는 만 65세부터 시작한다.

노후로 갈수록 수입이 줄어들게 될 가능성이 크다는 것을 우리는 이미 잘 알고 있다. 그래서 일을 하지 않아도 돈이 들어오는 구조를 만들어 놓아야 한다.

세 개의 수입 통장 중 월세 통장은 꾸준하겠지만, 나눔과 사업통장은 활동하지 않으면 점점 줄어들 가능성이 크다. 그래서 월세 통장을 안정적으로 만들어 놓는 것이 중요하다.

그렇다고 크게 걱정할 일도 아니다. 노후가 되면 수입이 줄어드는 만큼 지출도 줄어들게 된다. 또한 노후 연금이 나오거나 상황에 따라 실거주 집을 주택연금으로 전환할 수도 있다. 그렇지만 노후를 준비할 때는 지출을 줄이는 것보다 여유 있게 생활할 수 있는 자금을 모아 놓는 것을 목표로 한다. 자녀를 키울 때 가장 큰 고민이 '교육비'였다면, 노후에 가장 많이 들어가는 지출은 '병원비'가 될 것이다. 아프지 않고, 병원 신세 지지 않고 생을 마무리하면 좋겠지만, 생의 마무리는 누구도 예측할 수 없지 않은가. 그래서 자녀가 크고 나면 통장 용도를 재정비해서 관리하면 노후 준비 또한 즐기게 되지 않을까 한다. 젊었을 때의 저축 습관은 노후가 돼도 계속 이어간다. 젊었을 때 종잣돈을 모으기 위해 들였던 저축하는 습관은 노후까지도 이어지며 마음까지 평온해지는 부자 습관이 될 것이다.

7개의 통장을 정리하면 다음과 같다.

1) 월세 통장 : 부동산에서 받는 수입, 시세차익도 해당함.
   즉, 자산통장이다.
2) 나눔 통장 : 책 쓰기, 글쓰기, 강의를 통해 받는 수입.
   즉, 인세 통장이다.
3) 사업통장 : 사업을 통해 얻는 수입, 온. 오프에서 일하고 번 수입,
   즉 급여 통장이다.
4) 적금통장 : 수입의 10% 적금
5) 주식통장 : 수입의 10% 적금
6) 여행 통장 : 수입의 10% 적금
7) 생활비 통장 : 수입의 50% 이체

1번에서 3번까지는 수입 통장이고, 4번~7번까지는 지출통장이다.
매월 수입의 80%는 4개의 통장으로 이체시키고, 나머지 20%는 여유자금으로 수입 통장에 남겨 놓는다. 50대에 시작해서 10년 동안 7개의 통장을 준비해보자. 나의 경우 두 명의 아이를 키워보니 50대 중반이 되어야 여유가 생기고 재정비할 수 있는 여건이 마련되었다.
돈을 적절히 쓸 줄 아는 노후를 맞이하고 싶다. 단 수입은 없고 지출만 일어나는 구조가 아닌 수입과 지출이 함께 지속되는 삶, 이것이 내가 원하는 노후의 모습이다.

7

도전을 즐기자

인생을 살다 보면 성공과 실패를 반복해서 계속하게 된다. 성공만 꾸준히 이어지면 좋으련만 운이 항상 내 편이 아니듯, 오르막길이 있으면 내리막길도 있듯이, 인생살이는 평탄한 길만 존재하지 않는다. 아무리 노력해도 내 뜻대로 되지 않고, 무엇을 어찌해야 할지 방법을 찾지 못해 좌절하는 경우도 있다.

사람에게 항상 행복만 주지도 않고 성공만 주지도 않는 것을 보면 공평한 것 같지만, 그 기운이 실패가 더욱 지속된다면 악순환으로, 성공의 시간이 지속된다면 선순환으로 방향이 달라질 수 있다.

새로운 것에 대한 도전은 늘 익숙하지 않고, 걱정과 두려움이 공존하고, 실패의 가능성이 있다는 것도 알고 있다. 하지만 실패 후 성공이란 말이 있듯이 실패가 성공으로 가는 지름길 역할을 해주기도 한다. 실패했을 때의 마음가짐이 중요하다. 실패의 원인을 성공의 원인으로 대체

할 수 있다는 마음으로 실패 원인을 찾아 복기하고, 다시 도전해야 한다. 자산 증식에서 가장 중요한 것은 목표를 원대하게 갖는 것이다.

실패란 없다 과정이 있을 뿐

우리 부부가 뒤늦게 갖게 된 취미가 있다. 바로 등산이다. 오십 평생 살아오면서 산에 오른 것이 열 손가락도 안 채워질 정도로 산과의 인연은 없었다. 그런데 오십 중반이 되어서 산을 좋아하게 되었다.

남편과 산을 오를 때마다 생각하는 것은 '이렇게 힘든데 왜 또 왔지?'라고 반문하게 된다. 그런데 힘들게 오르는 과정을 견디다, 어느 순간 저 멀리 정상이 보이기 시작하면 설레기 시작한다. 올라오며 반문했던 말은 어느새 사라지고 '와, 조금만 가면 정상이네.'라며 들뜬 목소리가 나오고 어느새 기대하는 마음으로 바뀐다. 그리고 정상에 올라 산 위로 펼쳐진 그림 같은 풍경과 산 아래로 보이는 세상은 달라 보인다. 높은 산을 오를수록 그 쾌감은 더 해간다.

정상에서 보는 여러 감정 중 가장 좋은 것은 '해냈다, 못 할 게 없다, 나는 할 수 있다.'라는 자신감이다. 무엇 하나 쉬운 것이 없다는 것을 깨닫게 해준다. 정상으로 가는 길은 견디는 힘이 필요하다는 것을 알려준다. '나는 할 수 있다.'라는 자신감은 이후 생활하는 데 아주 큰 활력을 주기 때문이다.

정상이 좋다고 정상에 오래 머무를 수는 없다. 왜냐하면 올라온 만큼 다시 내려가야 하기 때문이다. 내려가는 과정도 올라온 과정만큼이나 시간이 오래 걸리고 지루하고 힘들다. 다리가 풀리고 후들후들한다. 하지만 오래 걸어도 발을 보호해주는 등산화가 있고, 지팡이가 있어서 그나마 수월하게 내려올 수 있다. 등산 장비의 빛을 발하는 것은 오를 때보다 내려올 때이다.

안전하게 내려와야 그다음이 있기에, 내려올 때도 신중하다.

내려올 때의 마음은 오를 때보다 생각이 많아진다. 몸은 지쳐가지만, 정상에서 본 풍경과 오름의 힘듦을 견뎌낸 상태라 하행 길의 마음은 '풍요로움'이 가득하다. 하지만 만약 오름이나 내림의 사이에 악천후를 만나거나 부상한다면 결코 수월한 산행이 되지는 않는다.

정상에도 오르지 못하고 다시 내려와야 할 수도 있다. 이것을 등반에서 실패라고 하면 실패일 것이다. 하지만 정상에 오르지 못하고 내려왔다고 해서 다시 오르지 못하는 것은 아니다. 다른 날을 잡아 다시 오르면 되는 것이다. 실패라는 것은 다시 도전하는 과정의 일부분일 뿐이다. 그렇게 높은 산을 오르고 나면 우리 동네의 야산이나 한두 시간 정도의 오름이 있는 산은 아주 쉽게 산책하듯 다녀오는 힘이 생긴다.

경험은 콘텐츠다

우리나라에서 가장 높은 산 순위를 보면 1위 한라산의 백록담 (1,950m), 2위 지리산(천왕봉 1,915m), 3위 설악산(대청봉 1,708m), 4위 덕유산 (향적봉 1,614m), 5위 계방산 (1,577m) 등이다. 우리나라의 70%가 산이다. 우리가 경험하는 세상은 이렇게 높은 산도 있고 낮은 산이 있어야 함께 어우러진다. 우리 동네의 야산만 다녀온 사람과 우리나라의 가장 높은 산을 다녀온 사람의 경험치는 다르다. 세계에서 가장 높은 에베레스트산(8,848m) 정상에 오른 사람과의 경험이 다르듯 말이다. 그 다름은 바로 체력, 정신력, 인내력의 시간이다.

맞다. 산을 오르는 사람은 동일하다. 경험치만 다를 뿐이다.

자산 증식을 위한 단계도 마찬가지다. 20대부터 근로소득을 잘 분배해서 지출을 제한하고 저축을 늘려서 종잣돈을 모아 내 집을 마련하고 자산 증식하는 과정을 거치듯이, 10년 단위로 세월이 지나서 50대가 되면 노후를 위한 '7개의 통장 만들기' 과정도 즐기면 된다.

20대와 30대 사이에는 근로자 생활로 시작해서 40대에 자산을 어떻게 키우느냐에 따라 50대 이후 노후의 삶의 질이 달라진다. 자산 증식 없이 노후를 준비하는 데는 한계가 있다. 특히 돈을 벌어 아무리 많은 현금을 갖고 있다고 해도 안 된다. 인플레이션을 넘어서는 수익구조가 없다면 시간이 지날수록 여유로움은 줄어들게 될 것이다.

자산 증식은 마흔 살 전후로 꼭 고민하고 행동하고 결과를 얻어야 하는 시기라고 생각한다. 그 과정에서 얻은 경험이 50대 이후의 콘텐츠가 될 것이기 때문이다.

새로운 도전을 두려워하지 말자. 실패도 두려워하지 말자. 실패가 두려워 새로운 도전을 못 하는 사람에게는 기회도 오지 않는다. 이 경험은 모두 자신의 그릇을 키우는 데 도움이 된다.

분명 도전하는 과정에서 얻은 체력, 정신력, 인내력의 시간을 통해 새로운 모습의 자신을 발견하게 된다. 그리고 자신감과 풍요로움으로 행복은 더 커질 것이다.

나이 들어 '한번 해볼걸.'이라고 후회하는 것보다, 일단 해보는 것이 더 낫지 않을까.

8

돈 버는 지혜는
경험에서 나온다

부자가 되는 방법은 4단계를 거쳐야 한다.

1단계는 일을 해서 돈을 벌고, 2단계는 번 돈의 일부를 모아서 종잣돈을 만들고, 3단계는 종잣돈으로 굴려서 자산을 키우고, 4단계는 불어난 자산을 잘 관리하는 것이다. 이 과정으로 가는 길에서 1단계와 2단계까지인 돈을 벌어 저축하기만 하고 그다음 단계인 자산을 키우지 못한다면 결코 부자가 되기 어렵다.

4단계까지 가려면 최소 10년 이상의 기간이 걸린다. 하루아침에 돈벼락 맞듯이 성공하는 경우는 없다. 10년이라는 세월 동안 자신에게무슨 일이 일어날지, 어떤 변화가 있을지 아무도 모른다. 하지만 10년의 세월을 경험하는 동안 자연스럽게 지혜가 생기게 된다.

"당신은 지혜로운 사람이야, 지혜롭게 처리했네."라는 말을 듣는다면당신은 무슨 생각이 드는가? 나는 "당신은 똑똑하니까."라는 말보다 "당신은 정말 지혜로워."라는 표현이 더 마음에 든다. '경험이 풍부하구나, 연륜이 느껴져.'라고 들린다.

젊었을 때는 '똑똑하구나, 지능이 높네.'라는 말이 더 좋았는데 지혜롭다는 한 단계 더 높은 칭찬으로 받아들이게 된다.

'지혜롭다'라는 말은 '사물의 이치를 빨리 깨닫고 사물을 정확하게 처리하는 정신적 능력이 있다.'라고 한다. (출처: 표준국어대사전) 정확한 지식과 풍부한 경험이 결합했을 때 이 효과는 더해진다고 생각한다.

우리는 돈 버는 것이 가장 어렵다고 생각한다. 그런데 많은 자산가는 돈을 버는 것이 가장 쉽고, 돈을 저축하는 것이 그다음으로 쉽고, 번 돈을 유지하는 것이 가장 어렵다고 한다.

가만히 생각해 본다.

'나는 돈을 열심히 버는데 왜 여유롭지 않지?'

이유는 하나다. 월수입에서 저축하는 돈이 많지 않고 꾸준히 저축하는 것이 힘들었다. 중간중간 통장을 깨지 않고 저축만 일정하게 꾸준히 이어 올 수 있었다면 상황이 달라졌을 수도 있다. 맞다. 저축은 단순한 것이 아니었다. 수입에서 일정 부분을 정해 저축을 꾸준히 이어가면 돈을 쓰지 않는 인내가 생기고, 돈을 모으는 습관이 쌓이면서, 돈을 모으는 체질로 바뀌게 되는 것이다. 바로 습관이었다. 저축하는 습관! 저축은 부자의 그릇을 키워나가는 데 굉장히 중요한 역할을 한다.

부자가 되려면 선순환구조의 돈의 흐름을 만들어야 한다.

술, 담배, 마약, 폭력, 과소비, 신용카드사용 등 중독성이 강한 나쁜 습관을 갖게 되면, 악순환의 흐름으로 갈 가능성이 커진다. 건강한 음식, 운동, 저축, 지출 통제, 책 읽기 등 좋은 습관을 갖게 되면 선순환의 흐름을 타고 갈 가능성이 더욱 커진다.

사람마다 좋고 나쁨의 기준이 다를 수는 있지만, 중독성이 강한 나쁜 습관을 건강한 좋은 습관으로 몇 가지만 바꿔도 분명 흐름의 방향을 바꿀 수 있다고 생각한다. 즉 좋은 습관을 지니면 '좋은 사람'이 된다. 성공한 사람들이 공통으로 가진 부자 되는 습관을 지니면 부자가 된다.

돈을 벌기 위해서는 일해서 번 돈으로, 저축하고, 꼭 필요한 소비만 하고, 모은 돈을 어떻게 굴릴지 공부하는 습관을 갖게 되면, 돈을 더 벌 기회, 돈을 잘 굴리는 기회를 분명 알아차리게 된다. 습관의 반복은 경험이 된다. 경험이 많을수록 돈을 지혜롭게 운용할 수 있다.

돈을 관리하는 습관도 반복하면 경험이 된다. 경험은 지혜를 준다.

부자 습관 만들기 위한 추천 도서

1년 동안 1주일에 2권 이상 꾸준히 읽은 책 중에서 '부자 습관 만들기'에 도움이 될 50권을 선정했습니다. 처음에는 쉽게 읽을 수 있고 또 곧바로 적용점을 찾을 수 있는 순서로 정리했습니다. 만약 제 책을 읽고서 '부자 습관 만들기'에 도전해보고 싶다면

첫째, 추천 도서 1~20번까지의 책을 우선 읽어보길 권합니다.

둘째, 책 제목 중에 마음에 드는 제목을 찾아서 우선 읽어보세요.

책도 관심이 생겨야 재미있으니까요. 그리고 책은 목적을 갖고 읽을 때 얻는 것도 있습니다. 제가 습관에 관련된 책을 몰아놓고, 돈에 관련된 책을 몰아놓은 이유도 얻고 싶은 것이 있어서겠지요. 비슷한 책을 5권 정도 읽으면 반복되는 패턴을 찾을 수 있어요. 그리고 10권까지 읽

으면 자신에게 맞는 적용점을 골라낼 수 있습니다.

독자분들이 생각하는 것과 제가 생각하는 것이 아마도 비슷할 거로 생각합니다.

잊지 마세요!

책을 읽으면서 '한 권의 책에서 한 개의 적용점을 꼭 찾아야지.'라고 마음먹는 거요. 제 책에서는 독자님마다 어떤 적용점을 찾았을지 궁금합니다.

독자님, 책 끝까지 읽어주셔서 감사합니다. 사랑합니다. 덕분에 오늘도 행복합니다.

1. 〈드림리스트〉, 짐 론 저, 박옥 역, 프롬북스, 2012.
2. 〈보물지도〉, 모치즈키 도시타카 저, 은영미 역, 나라원, 2021.
3. 〈청소력〉, 마스다 미츠히로 저, 나무한그루, 2007.
4. 〈방정리 기술〉, 마스다 미츠히로 저. 김진희 역 평단 2021년.
5. 〈하나를 비우니 모든 게 달라졌다〉, 이초아 저, 북스톤, 2021.
6. 〈2억 빚을 진 내게 우주님이 가르쳐준 운이 풀리는 말버릇〉 고이케 히로시 저. 이정환 역 나무생각, 2017.
7. 〈운이 좋다고 말해야 운이 좋아진다〉, 하시가이 고지 저, 하진수 역 , 포레스트북스, 2019.
8. 〈아티스트 웨이, 마음의 소리를 듣는 시간〉, 줄리아 캐머런 저, 이상원 역, 비즈니스북스, 2022.
9. 〈기적을 만드는 감사메모〉, 엄남미 저, 케이미라클모닝, 2021.
10. 〈괜찮아, 분명 다 잘될 거야!〉, 사이토 히토리 저, 김진아 역, 나비이펙트, 2022
11. 〈습관이 답이다〉, 톰 콜리 저, 김정한 역, 이터, 2022.
12. 〈이기는 습관〉, 보도 섀퍼 저, 박성원 역, 토네이도, 2022.
13. 〈아주 작은 습관의 힘〉, 제임스 클리어 저, 이한이 역, 비즈니스북스, 2019.
14. 〈시작의 기술〉, 개리 비숍 저, 이지연 역, 웅진지식하우스, 2019.

15. 〈내 인생 구하기〉, 개리 비숍 저, 이지연 역, 웅진지식하우스, 2020.

16. 〈10배의 법칙〉, 그랜트 카돈 저, 최은아 역, 부키, 2022.

17. 〈역행자〉, 자청 저, 웅진지식하우스, 2022.

18. 〈이 책은 돈 버는 법에 관한 이야기〉, 고명환 저, 라곰, 2022.

19. 〈프레임〉, 최인철 저, 21세기북스, 2021.

20. 〈부와 성공의 '비밀' 멘탈 리셋〉, 복성 저, 넥스웍, 2021.

21. 〈책으로 변한 내 인생〉, 이재범(핑크팬더) 저, 책수레, 2020.

22. 〈파워블로그의 첫걸음, 블로그 글쓰기〉, 이재범(핑크팬더) 저, 평단, 2016.

23. 〈한번 써봅시다 책이 뭐라고〉, 신선수 저, 청림출판, 2022.

24. 〈간헐적 몰입〉, 조우석 저, 라이스메이커, 2022.

25. 〈웰씽킹〉, 켈리 최 저, 다산북스, 2021.

26. 〈생각의 비밀〉, 김승호 저, 황금사자, 2015.

27. 〈돈의 속성〉, 김승호 저, 스노우폭스북스, 2020.

28. 〈부자의 그릇〉, 이즈미 마사토 저, 김윤수 역, 다산북스, 2020.

29. 〈부자의 행동〉, 사이토 히토리 저, 이지수 역, 다산북스 2020.

30. 〈부자 아빠 가난한 아빠〉, 로버트 기요사키 저, 안진환 역, 민음인, 2018.

31. 〈시골의사의 부자경제학〉, 박경철 저, 리더스북, 2011.

32. 〈시골의사 박경철의 자기혁명〉, 박경철 저, 리더스북, 2011.

33. 〈그냥 오는 돈은 없다〉, 단희쌤(이의상) 저, 포레스트북스, 2022.

34. 〈아들아, 돈 공부해야 한다〉, 정선용 저, 알에이치코리아(RHK), 2022.

35. 〈머니테라피〉, 데보라 프라이스 저, 설기문 역, 나비이펙트, 2022.

36. 〈요즘 투자〉, 똔누(임종현) 저, 트러스트북스, 2021.

37. 〈부의 인문학〉, 브라운스톤(우석) 저, 오픈마인드, 2022.

38. 〈부동산 부자노트〉, 북극성주외 6명, 다다리더스, 2021.

39. 〈젊은 부자의 법칙〉, 바이런베이 저, 토트, 2021.

40. 〈인플레이션에서 살아남기〉, 오건영 저, 페이지2, 2022.

41. 〈부자들의 개인 도서관〉, 이상건 저, 알에이치코리아(RHK), 2017.

42. 〈게으르지만 콘텐츠로 돈은 잘 법니다〉, 신태순 저, 나비의활주로, 2020.

43. 〈오프라인 사업만 10년 한 39세 김 사장은 어떻게 콘텐츠 부자가 됐을까?〉, 자유리, 신태순 저, 나비의활주로, 2022.

44. 〈나는 돈이 없어도 사업을 한다〉, 프레이저 도허티 저,박홍경 역, 명승은 감수, 비즈니

스북스, 2017.

45. 〈사장의 철학〉, 안상헌 저, 행성B, 2021.

46. 〈어른의 새벽〉, 우승희 저, 청림출판, 2022.

47. 〈퇴직하기 전에 미리 알았더라면〉, 이동신 저, 이코노믹북스, 2022.

48. 〈데일 카네기 인간관계론〉, 데일 카네기 저, 장운갑 편역, 넥스웍, 2021.

49. 〈여덟 단어〉, 박웅현 저, 북하우스, 2013.

50. 〈건강과 다이어트를 동시에 잡는 채소.과일식〉, 조승우 저, 바이북스, 2022.